法律学への案内

[第2版]

金津 謙
Ken Kanatsu

足立 文美恵
Fumie Adachi

佐々木 彩
Sai Sasaki

今出 和利
Kazutoshi Imade

齋藤 美喜
Miki Saito

Guide to Law

八千代出版

第 2 版はしがき

　本書は法学部以外の学生でもわかりやすく、そして興味深く読むことができることをコンセプトとして執筆されています。そのため、条文を通じて法律を解説するのではなく、社会で発生している様々な問題に対して法律はどのように作用しているのか、という視点からの解説が中心となっています。

　本書のルーツは、八千代出版から 2007 年に刊行された『はじめての法学』にさかのぼります。

　その後、数度の改訂、新版を経て 2018 年に本書『法律学への案内』が刊行されることとなるのですが、それぞれの執筆者も教育現場で経験を積み、なお一層わかりやすく、興味深く読んでもらえるよう工夫をした内容となっています。特に、大改正が行われた民法では改正法に対応し（刊行時点では未施行の規定もあり確認が必要です）、初めて法律を学ぶ学生に身近な話題として憲法、消費者保護関連法、知的財産権法、環境法、労働法など最新のテーマを網羅しており、授業だけでなくその後も長く活用できると思います。

　また、新型コロナウィルスの流行により、思うように対面授業ができない状況下、リモートでの学習にも十分対応したものとなっています。

　本書の出版は当時の東洋大学教授河原格先生と、出版を快諾してくださった八千代出版社様のご尽力、そして今回企画担当の森口恵美子社長、校正担当の御堂真志様には、様々なアイディアとともに、内容を精査し校正をしていただきました。厚くお礼を申し上げます。

　　2021 年 1 月

執筆者一同を代表して

金津　　謙

目　　次

1章

法律を学ぶ上で必要な知識

1　法律の起源

　紀元前1750年頃、古代メソポタミア文明のハンムラビ王が作成した「ハンムラビ法典」は、世界で最も古い法典のうちの一つとして知られています。さらに350年ほど古いウル・ナンム法典も存在が明らかですが、ハンムラビ法典は石柱に刻まれた全282条から成立する大法典で、かつそのほとんどが失われずに解読されており、歴史の教科書、資料集などでも紹介されているのを見たことがあると思います。

　それではなぜ3700年以上前の古代文明において、このような大法典が作成されたのでしょうか。

　古代メソポタミア文明は、チグリス川とユーフラテス川の河岸に栄えた文明です。メソポタミアの土地は、雪解け水で川が氾濫すると栄養分の豊富な土が畑に供給され、主食の麦を連作することが可能で、食料が豊富であったと考えられています。豊かな土地には次第に人が集まり定住し、交易も盛んになり経済が発展するようになります。

　しかし、様々な地域から思想、言語、生活習慣の異なる民族が集まれば、多くのトラブルが発生することは明らかです。わが国においては「ゴミだし」のルールが細分化され、海外から移住してきた外国人をとまどわせ、それがトラブルになることがあります。極端な事例ですが想像できると思います。

　当時は治安維持機能が発達していなかったので、最初は些細な個人同士のケンカであったのに、負けた方が家族を率いて仕返しをし、またその仕返し

に今度は多くの仲間を引き連れた大抗争につながってしまうような事態が多く発生していました。このようなトラブルを放置していたら国民は安心して生活することはできませんし、国家という統治機能を崩壊させてしまう原因となりかねません。

1）目には目を歯には歯を

このような背景から、メソポタミアで生活する上で基本的ルールを定める必要性が生じたのです。ハンムラビ法典で最も有名な規定が「目には目を歯には歯を」（法典196条・197条）、通称タリオの法です。これは、同じ身分同士の抗争であれば、加えられた侵害行為と同じ程度の仕返ししか許さないと規定し、「同害復讐法」と紹介されることもあります。少し前に流行したいわゆる「倍返し」を許したのであれば、次は「4倍返し」と拡大し、国家は大混乱に陥ってしまいます。それを防ぐものです。

中学校の歴史の時間で先生から「やられたらやり返せ！ なんて野蛮な……」と習った読者もいるかもしれません。もちろん現在では仕返し行為は「自力救済の禁止」として厳格に禁止されているので、このような感想も理解できなくはありませんが、タリオの法はそれ以上抗争が拡大しないよう苦心した、古代文明の統治者が編み出した知恵なのです（詳細は不明ですが、タリオの法に基づく復讐行為は本人ではなく国家が行っていたようです）。

現代の法律適用の大原則である、罪と罰はあらかじめ法律で定めたもの以外は適用されないという「罪刑法定主義」を導入した規定ともいえます。

2）法源と法律の制定

「法源」とは法律のみなもと、つまり法律が作られるきっかけをいいます。

法律のみなもととなっているのは、社会生活上のルール（社会規範）、道徳、宗教上の考え方など様々なものがあります。

小規模な一部族の集団であれば、その族長が代々部族で守るべきルールを次の世代に言い伝えれば足りるかもしれません。少数の部族では、部族内で生活するためのルールと破った場合のペナルティが部族全体に知られており、特に法律として規定する必要はありません。

しかし、この時代、メソポタミア地域の人口は様々な民族が移住し爆発的

に増加したといわれています。ハンムラビ法典で規定された全282条は、メソポタミアで生活する上での規則を詳細にまとめ、その内容は犯罪の類型と処罰、奴隷制度、家族制度、契約に関するルール、行政が守るルールなど多岐に渡っています。

ハンムラビ国王は、自分が統治する地域で生活する際のルールを定め、それを国民に周知させる必要から、法典を定めその全文を石柱に刻み込み、往来の多い場所に設置したのです。

3）校則は法律と同じ？

高校生活を思い出すと、厳格な校則により窮屈な高校生活を送った経験がある人もいるのではないでしょうか。生徒手帳に、頭髪、服装、化粧の禁止をはじめ、どのように取り締まるのか不明ですが、男女交際禁止をも規定する高校も存在しています。また、校則を破った場合、停学、退学などの処分についても明記されていたと思います。

それではなぜこのようなルールを校則として規定する必要があるのでしょうか。高校の先生になったつもりで考えてみてください。先生たちは校則を実効性あるものとすべく、月曜早朝から登校する生徒に、いちいち小言をいわなければならないのです。生徒指導が生きがい、という先生は実際にはあまりいないのではないでしょうか。簡単にいうと校則を作れば作るほど、先生たちの労働時間は長くなってしまいます。

学校が校則を規定することにより、すべての生徒が、同じ規格の制服を着用し、同じような髪型で、髪の毛を染めるのも、化粧もアクセサリーも禁止されていれば、「高校生らしい」格好で、おしゃれに気を使うことなく勉強に集中することができるという、配慮（？）から表現の自由を規制しているのでしょう。実際に大学生になると、突然すべてが自由になって、毎日なにを着て大学に登校すればいいのか迷った人もいると思います。

高校には多くの生徒が在学しており、学校生活上のルールを校長先生が繰り返し朝礼で口伝しても、違反した生徒は「聞いてなかった」、「知らなかった」と言い訳するのではないでしょうか。

校則は、学校生活上のルールを生徒手帳に明記することで、生徒全体にそ

の内容を周知させ、もし破った場合の罰則も明確にすることで、校則の強制力と公平性を保ちます。また、先生の「お気に入り」の生徒が違反行為をしても処分されないのに、きらわれている生徒には処分が著しく厳しい……ということの防止にもなるのです。

4）わが国における体系的法律の導入

わが国が体系的な法制度を導入するのは、明治維新を待たなければなりませんでした。

歴史上わが国にも様々な法律は存在していましたが、江戸時代以降、幕藩体制のもと藩ごとに独自のルールが規定され、国家という統治団体全体に適用される法体系の構築が諸外国と比較して遅れることとなります。

明治維新後、明治政府は欧米諸国に並ぶべく、その先進国に使節団を派遣し各国の法律を学ばせ、ドイツ、フランスなどいわゆる「大陸法系」の法律を手本として、国家単位で適用される民法、刑法、商法、大日本帝国憲法(明治憲法)などを制定します。民法では、現在、一般にはほとんど使われない難解な表現が使用されていますが、それは明治時代に規定されたなごりなのです。

太平洋戦争後はアメリカによる統治を受けることになり、いわゆる「英米法系」の法律が多く導入されることになります。そして、近年においてはグローバル化する世界基準に対応した様々な法律が新設されています。現在、わが国では法律だけでおよそ2000弱、内閣が制定権限をもつ「政令」、各省大臣が権限をもつ「省令」、その他の行政機関が発する「規則」などを含めると8000を超える規定が存在しています。

2　法の解釈

法は、様々な事例に適用できるよう抽象的な表現で定められています。法が抽象的なゆえに、法をどのように解釈すべきか問題になることもしばしばあります。法の解釈として、次のような方法があります。

1）文理解釈

法の中にある用語や文法的な意味から法を解釈する方法です。例えば、「公

園内で球技をしてはならない」という規定があったとします。文理解釈では、「球技」の意味を明らかにして、公園内で禁止されるスポーツを特定することになります。ちなみに、「球技」の意味は「サッカー、野球、バレーボールなど、ボールを使って行うスポーツ」です。

２）論理解釈

　文理解釈では不十分な場合に、法の目的などを考慮して解釈する方法です。論理解釈には、次の方法があります。

　(1) 拡張解釈　　法の中にある用語の意味をより広く解釈する方法です。例えば、競技者以外の人がボールをぶつけられないよう安全を確保し、多くの人が公園を利用するスペースを作るという目的で、「公園内でサッカーをしてはならない」という規定があったとします。拡張解釈では、フットサルはミニサッカーであり、厳密な意味でサッカーではありませんが、ルールがサッカーに準ずること、ボールを使用することなどからフットサルも禁止されると解釈します。

　(2) 縮小解釈　　拡張解釈の反対で、法の中にある用語の意味をより縮小して解釈する方法です。例えば、競技者以外の人がボールをぶつけられないよう安全を確保するという目的で「公園内で球技をしてはならない」という規定があったとします。縮小解釈では、バドミントンも球技の一つですが、バドミントンで使用する羽球（シャトルコック）が小さく、プロでない限り他人に危害を加える可能性が低いため、バドミントンは球技に含まないと解釈します。

３）類推解釈

　条文が存在しないため、類似の内容を定めた法から類推して解釈する方法です。縮小解釈の例と同じ目的で「公園内でサッカーをしてはならない」という規定があったとします。類推解釈では、ハンドボールはサッカーではありませんが、サッカー同様、広い敷地を使うこと、パスやゴールの際にボールを強く投げるため人に危害を加える可能性が高いことなどから、ハンドボールもサッカーに含まれると解釈することです。しかしながら、類推解釈により異なる種類の競技を同じものとして扱うことになるため、このような

解釈が妥当であるか慎重に考える必要があります。

4）反対解釈

　条文が存在せず、反対の内容を定めた法から解釈する方法です。例えば、「公園内で球技をしてはならない」という規定があったとします。反対解釈では、縄跳びは球技に含まれないことから、公園内で縄跳びをすることは禁止されていないと解釈します。

3　実定法の分類

　法には、前述の通り、憲法、法律、命令など様々な種類がありますが、これらの内容を分類すると次のようになります。

1）一般法と特別法

　一般法は特に制限なく適用される法であり、特別法は特定のものに制限して適用される法になります。例えば、特別法となる少年法が対象とするのは14歳以上20歳未満の少年・少女に限られますが、刑法が対象とするのは、14歳以上の人になります。

　では、17歳の少年による犯罪は、一般法の刑法と特別法の少年法、どちらの法を優先して、刑罰の内容を決定すべきでしょうか（少年法は刑法に比べて刑罰が軽くなることがあります）。優先されるのは特別法の少年法です。この例に限られず、一般法と特別法のどちらもが適用できる事項については、特別法を優先して適用されます。

2）公法と私法

　公法は国と私人の関係を定めた法であり、私法は私人間の関係を定めた法です。公法の例として、憲法、行政法、刑法などが挙げられ、私法の例として、民法、会社法などが挙げられます。また、私人間の関係を定めていますが、国による調整を必要とする法があります。これは公法や私法に属さず、社会法といわれています。例として、労働基準法、労働組合法、最低賃金法などが挙げられます。

3）実体法と手続法

　実体法は権利・義務などの発生、承継、消滅などに関する法であり、手続

法は実体法により発生した権利・義務などを実現化するための法です。例えば、Aがわき見運転をして歩行者Bに全治3か月のケガをさせてしまった場合に、BにはAに対する損害賠償請求権が発生し、BはAに対しケガの治療代などの損害を賠償するよう請求することができます。Aが請求に応じない場合には、Bは裁判を提起し、賠償金を支払うよう請求することができます。この場合において、BのAに対する損害賠償請求権は、民法の規定を原因に発生しており、権利の発生原因となっている民法は実体法であるといえます。また、Bの損害賠償請求権を実現させるため民事訴訟法に基づいて裁判が提起されており、Bの損害賠償請求権実現のための手続（裁判提起の方法、判決の効力など）を定めた民事訴訟法が手続法です。

４）強行法規と任意法規

当事者の合意に影響されず絶対的に適用される法を強行法規、当事者の合意により法の内容を変更することも可能となる法を任意法規といいます。例えば、民法750条により、夫婦は氏を同じにしなければなりません。夫婦間で別氏にするとの合意をしたとしても、この合意は認められません。したがって、民法750条は強行法規といえます。また、民法752条は夫婦に同居義務があるとしています。しかし、夫婦によっては、仕事の関係から別居をしなければならない夫婦など、事情によって同居ができない夫婦もいるため、合理的な理由があれば、夫婦が合意により別居をすることも可能です。したがって、民法752条は任意法規になります。

４ 裁判制度

日本国憲法は、「何人も、裁判所において裁判を受ける権利を奪はれない」（憲法32条）と規定し、基本的人権の保障を実現するために、国民に「裁判を受ける権利」を認めています。例えば、Aがバイクの運転を誤ってBをひいてしまったという場合、裁判所は、Aの行為は有罪となるのか、有罪だとした場合、いかなる刑を科すのか等を決める「裁判」を行います。また、BがAに対し、民法上の不法行為に基づき、精神的損害や身体的損害に対する損害賠償請求をしようと考えた場合、損害賠償請求は認められるのか、

認められた場合の賠償額の算定はどうなるか、などについても「裁判」によって解決することができます。ちなみに、前者の裁判が刑事裁判であり、後者の裁判が民事裁判です。すなわち、「裁判」とは、具体的な争訟を解決するために行われる国家権力が関与する法律上の判断であるといえます。

1）刑事裁判と民事裁判

　裁判には大きく分けて刑事裁判と民事裁判があります。以下、訴訟の内容と裁判の当事者について、それぞれの相違点を見ていきましょう。

　(1) 訴訟の内容　　ある行為が犯罪となるかどうか、犯罪だとすればどのような刑罰を科すかを審理するのが刑事裁判であり、「貸したお金が戻ってこないので訴える」といった場合のように、私人間の紛争を解決するのが民事裁判です。薬害訴訟など私たちが行政行為に対して異議申し立てを行う行政裁判も大きな括りでは民事裁判の一種として考えることができます。

　(2) 裁判の当事者　　刑事裁判の当事者は検察官と被告人（弁護人）であり、裁判は検察官の起訴に基づいて開始します。被告人には弁護人を依頼する権利が憲法において保障されており、何らかの理由により自分で弁護人を依頼することができないときは、国によって国選弁護人が付けられます（憲法37条3項）。起訴前の被疑者の段階であっても、死刑、無期懲役および長期3年を超える懲役刑に値する重罪を起こした場合には、国選弁護人が付けられます。

　民事裁判の当事者は原告（訴える側）と被告（訴えられる側）であり、訴えの提起により開始します。原告と被告は、代理人を選任することができます。行政裁判の場合は、原告は国民であり、被告は、法律に違反する行為等をした国や地方公共団体となります。

　その他、適用法の相違として、刑事裁判では刑法や刑事訴訟法などが適用され、民事裁判では、民法や民事訴訟法などが適用されます。

2）三　審　制

　わが国は公正な裁判を行うために、当事者が、第一審、第二審、第三審と3つの裁判所の判断を仰ぐことができる三審制を採用しています。したがって、当事者が判決に不服がある場合、原則として3回まで裁判所の判断を仰

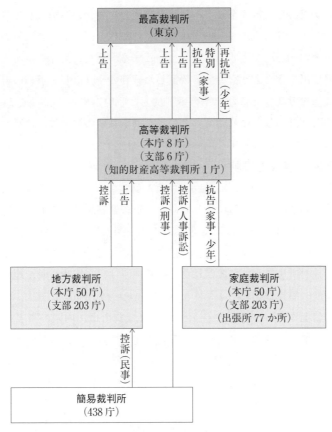

図 1-1　三審制

出所）裁判所 HP より引用（http://www.courts.go.jp/about/sosiki/gaiyo/index.html）。

ぐことができます（図 1-1 参照）。

　例えば、地方裁判所を第一審とした場合、その判決に納得のいかない当事者は、第二審の高等裁判所に不服申し立てをすることができ（これを「控訴」といいます）、さらに、第二審の高等裁判所の判決に納得のいかない当事者は、第三審である最高裁判所に不服申し立てをすることができます（これを「上告」といいます。図 1-1 参照）。なお、「控訴」と「上告」を合わせて「上訴」といいます。

当事者が控訴や上告等をせず、判決が確定した場合、原則として裁判のやり直しはできません（「一事不再理の原則」）。しかし、例えば死刑判決が確定した後に、その死刑囚が冤罪かもしれないとする、新たに無罪を証明する決定的な証拠が出てきたような場合、確定した裁判のやり直しを求める再審の請求が可能となります。これを「再審制度」といいます。「疑わしきは被告人の利益に」、「疑わしきは罰せず」といった刑事裁判の原則は、再審の請求に対しても適用されるのです（最決昭50年5月20日「白鳥事件」参照）。

3）裁判所の種類と役割

「法の支配」の実現として、憲法76条1項は「すべて司法権は、最高裁判所及び法律の定めるところにより設置する下級裁判所に属する」と定めています。明治憲法下においては、特別裁判所（行政裁判所、皇室裁判所、軍法会議）も置かれていましたが、現在は憲法において禁止されています（憲法76条2項）。裁判所法において置かれた下級裁判所は、高等裁判所、地方裁判所、家庭裁判所、簡易裁判所の4つになります（裁判所法2条）。

（1）最高裁判所　　東京に位置する最高裁判所は、内閣の指名に基づき天皇によって任命された最高裁判所長官1名と、内閣によって任命され天皇の認証を受けた14名の最高裁判所裁判官とで構成されています（憲法6条2項・7条1項5号・79条1項）。私たち国民は、わが国最高の裁判所の裁判官が妥当な人物かその適性等をみるために、「国民審査権」を有します。すなわち、最高裁判所裁判官は、「その任命後初めて行はれる衆議院議員総選挙の際国民の審査に付し、その後10年を経過した後初めて行はれる衆議院議員総選挙の際更に審査に付」されます（憲法79条2項）。

裁判は、15名の裁判官全員で構成する大法廷（定足数9名）と5名で構成する小法廷（定足数3名）とにおいて行われます。最高裁判所は、「一切の法律、命令、規則又は処分が憲法に適合するかしないかを決定する権限を有する終審裁判所」（憲法81条、すべての裁判所が「違憲立法審査権」を有しています）であり、「憲法の番人」と呼ばれています。

最高裁判所が違憲判決を下した場合、違憲となった法律はその後削除されたり、改正されたりしていますが、本来、裁判所が下した判断はその裁判の

みを拘束するというのが原則です。法律を削除したり改正しているのは、裁判所ではなく国会です（例えば、違憲判決により法律が削除された事例として最決平25年9月4日「非嫡出子相続分規定違憲決定」参照）。

(2) 高等裁判所　　高等裁判所は、全国8か所（東京、大阪、名古屋、広島、福岡、仙台、札幌、高松）に設置され、6か所の支部も設けられています。また、東京高等裁判所には、わが国の知財戦略の一環として2005（平成17）年から知的財産高等裁判所が置かれています。

高等裁判所は、一般には、地方裁判所や家庭裁判所の控訴（または抗告）審であり、刑事事件に関するもの以外で簡易裁判所を第一審とした場合の上告審であり、内乱罪に関する事件では第一審となります。

裁判は、原則として3名（事件によっては5名）の裁判官からなる合議体によって審理されます。

(3) 地方裁判所・家庭裁判所　　地方裁判所と家庭裁判所は、全国50か所にあり、双方は同じ所在地にあります。地方裁判所は、一般事件の第一審となりますが、簡易裁判所の民事判決に対する控訴審としても機能しています。家庭裁判所では、離婚や相続などの家庭内トラブルや少年犯罪等が扱われます。

裁判は、1名の裁判官または事件により3名の裁判官からなる合議体により審理されます（家庭裁判所も同様です）。

(4) 簡易裁判所　　簡易裁判所は、全国438か所にあります。民事事件では訴訟の目的となる物の価額が140万円を超えない請求権について、刑事事件では、原則として罰金以下の刑にあたる罪および窃盗、横領などの比較的軽い罪の訴訟事件等について裁判を行います。また、簡易裁判所は、話し合いで解決するため民事調停の制度も設けています。

裁判は、1名の裁判官によって審理されます。

4）国民の司法参加

「裁判員の参加する刑事裁判に関する法律」（裁判員法）が2004（平成16）年5月21日に成立し、2009（平成21）年から裁判員制度が始まりました。この制度が導入された理由は、国民にわかりにくい刑事裁判をより身近でわかり

改善が迫られる裁判員制度

裁判員制度の問題点としてまず、裁判員としての負担の重さが指摘されます。裁判員裁判は、集中審理が行われ比較的短期間（4日程度）で判決が出されています。しかし、近年審理期間が長期化する傾向があり、また、裁判員として知りえた情報を口外してはならない「守秘義務」が課されること、そして人を裁くという訓練を経ていない一般国民に対し、死刑の判断が求められることもあり、その心理的負担も重いのです。

次に、暴力団が関係した殺人事件や麻薬事件など、一般国民の感覚から判断が難しいような事件についても裁判員裁判の対象とされていることです。地方の裁判所では、同日に開廷される裁判が少ないことから、暴力団関係者から裁判員が特定されてしまい、「よろしく頼むよ」などと声をかけられる事案が発生しています。

最後に、裁判員への辞退件数が増加していることです。2018（平成30）年の辞退率は67.1％で導入時2009（平成21）年の53.1％を上回っています。裁判員への参加は義務とされていますが、辞退できる条件については法律と政令で定められており（学生は学業優先のため辞退可）、近年は仕事上の理由での辞退が増加しています。2017（平成29）年最高裁が行った裁判員制度への意識調査アンケートでは、参加したくない理由として「心理的負担」と回答したものが最も多くなっています。

やすいものにするためとされています。

裁判員制度は、裁判員候補者名簿の中からくじで選ばれた候補者が、選任手続を経て最終的に裁判員として選ばれた場合、裁判員（原則6人）は裁判官（原則3人）と一緒になって重大な刑事事件（殺人や傷害致死など）の裁判に参加し、裁判官とともに、被告人が有罪かどうか、有罪の場合、どのような刑を科すか、さらに量刑についてまで決定するしくみです。評決（評議における裁判員の関与する判断）は、原則として多数決によって行われますが、その多数意見には裁判官または裁判員1人以上の賛成が必要であるとされています。

裁判員制度以外の国民の司法参加として、わが国では1923（大正12）年に

陪審法が制定され、陪審制が採られたこともありましたが、1943（昭和18）年以来停止されていました。また、裁判員制度が導入される前から実施されていた、「国民が司法に参加する制度」としては、検察官による不起訴処分の是非を選挙人名簿からくじで選ばれた11人の検察審査員が審査する「検察審査会」もあります（任期制）。検察審査会が起訴相当（または不起訴不当）と議決した場合、検察官は事件を再検討します。検察官が再び不起訴処分にした場合、検察審査会は再度審査を行い、その結果、検察審査員8人以上が起訴すべき旨の議決（起訴議決）をした場合、管轄の地方裁判所が検察官の職務を行う弁護士を指定し、その指定された弁護士が検察官の代わりに起訴します。

■発展課題

1　わが国の律令制度は中国の制度を参考にしたと考えられています。わが国の律令制度について調査するとともに、中国、ヨーロッパ大陸、イギリスなどの法律の歴史について調査してみましょう。
2　民法の条文から強行規定と任意規定を一つずつ探してみましょう。
3　国民が刑事裁判に参加する主な国の制度について詳しく調べてみましょう。

■参考文献

霞信彦『法学講義ノート（第6版）』慶應義塾大学出版会、2016年
伊藤正己・加藤一郎編『現代法学入門（第4版）』有斐閣双書、2005年
最高裁判所ホームページ（http://www.courts.go.jp/saikosai/）
裁判員制度ホームページ（https://www.saibanin.courts.go.jp/index.html）

2章

基本的人権の尊重

1　人権について

1）人権の歴史

「この憲法が日本国民に保障する基本的人権は、人類の多年にわたる自由獲得の努力の成果であつて、これらの権利は、過去幾多の試錬に堪へ、現在及び将来の国民に対し、侵すことのできない永久の権利として信託されたものである。」（日本国憲法 97 条）

日本国憲法第 10 章（最高法規）の冒頭に掲げられたこの条文がまさに述べているように、憲法の定める「基本的人権」は、決して一朝にして生まれたものではなく、人類の歴史における権利をめぐる闘いの中で、不可侵なものとして形づくられていったものであり、世界に共通した普遍的概念ともいえます。そこで、「基本的人権」を学ぶにあたって、まず、その歴史をごく簡単に振り返ってみましょう。

「人権」(human rights) の歴史を遡るならば、まず登場するものとして、早くはイギリスにおける「マグナ・カルタ」(1215 年)、そして「権利請願」(1628 年) および「権利章典」(1689 年) 等があり、「人権」の萌芽として大きな意義を有するものとされています。もっともこれらは、諸侯または議会が、絶対的権力を持つ国王との対立関係において、国王に王権の制限を認めさせたものであり、現在、一般に「人権」として広く認識されている、「すべての人が生まれながらにして持つ固有の権利」とは性質を異にします。

現在につながる「人権」という概念は、ロック (John Locke) やルソー (Jean-Jacques Rousseau) といった思想家による社会契約説や自然権思想等の理

論的な基礎づけをもとに構成され、1776 年、アメリカ・ヴァージニア権利
章典（州憲法）1 条の「すべての人は、生来ひとしく自由かつ独立し、一定の
生来的権利を有するものである」をはじめ、同年のアメリカ独立宣言や同時
期の諸州の憲法、さらには、1789 年、フランス革命期の市民と王政との激
しい戦いのなか掲げられた「人および市民の権利宣言」に顕れています。

　この、いわば「国家」対「国民」という対立構造の中で打ち立てられた
「自由権」（国家からの自由）を中心とした人権概念は、19 世紀の各国の憲法の
核として組み込まれ、いわゆる「近代立憲主義」として展開していきます。
さらに 20 世紀にかけては、後述する「社会権」（国家による自由）の概念を採
り入れた「現代立憲主義」の時代へと繋がっていくことになります。

2）人権の享有主体

　日本国憲法第 3 章（国民の権利及び義務）では、様々な権利が保障されてい
ます。では、誰がこれらの権利を享有している（本来的に持ち合わせている）の
でしょうか。

　まず憲法 11 条は、「国民は、すべての基本的人権の享有を妨げられない」
としていることからも、憲法の定める様々な人権を享有する主体は「国民」
であり、また憲法 10 条では、「日本国民たる要件は、法律でこれを定める」
としているため、具体的には、国籍法の定める「日本国民の要件」に該当す
る者、すなわち「日本国籍」を有する者がこれに該当することになります。

　すると、例えば、日本に居住する日本国籍を有しない外国人は、憲法上、
人権の享有主体にはなれないのか、という疑問が生じてきます。

　この点につき学説には、①憲法は「国民の権利及び義務」を定めたもので、
その保障は直接的には外国人には及ばないとする見解（無適用説）、②憲法の
条文上、「国民は」とある人権は日本国民のみを対象とし、「何人も」と明記
されている人権のみが外国人にも適用されるとする見解（文言説）、③このよ
うな文言にとらわれることなく、個々の人権の性質に着目し、その性質に応
じて外国人に対する適否を判断すべきとする見解（性質説）があり、多くの
学説および最高裁も③の性質説を支持しています（最大判昭 53 年 10 月 4 日〔マ
クリーン事件〕）。

一般的に、その性質上、外国人に保障されない権利としては、参政権、公務就任権、入国・在留の自由等が挙げられます。もっとも、参政権に関して最高裁は、権利の性質上「国民」のみを対象としていることを確認しつつ、判決の傍論で、永住資格を持つ外国人に対して、自治体の長や議員の選挙権を付与することは、憲法上禁止されているものではないとの判断を示しました（最判平7年2月28日）。

　なお、この人権の享有主体に関しては、外国人以外にも、法人（例えば、会社等の自然人以外で法律上の権利義務の主体となり得るもの）、天皇や皇族、未成年者等についても、享有主体となり得るか、なり得る場合にはいかなる権利が保障され、または保障されないのかについて議論がなされています。

3）人権の私人間効力

　そもそも憲法は、絶大な力を持つ国家（公権力）による不当な抑圧や介入等の侵害行為から、国民（私人）の生命、自由および財産を守ることを最大の眼目として形成されてきた歴史があります。

　よって、憲法における人権規定は、「国家」対「国民」を前提としたものであって、「国民」対「国民」の「私人間」においては適用されず、むしろ私人間に生じた問題の処理は、「私的自治」や「契約の自由」等の近代私法における原則のもと、関係当事者に委ねられるべきものとされてきました。

　しかし、産業革命以降の急速な工業化社会の展開や資本主義経済の台頭を背景に、次第に「私人」の中にも国家に匹敵するか、またはそれ以上の「社会的権力」を持った大企業、経済団体、労働組合、職能団体、報道機関等といった私的団体が登場し、そしてこれらのいわば「強き私人」により行われる様々な人権侵害から、一般の国民すなわち「弱き私人」を保護すべきとの要請が高まる中、憲法における人権規定の効力を、私人による人権侵害に対しても及ぼすべきではないのか、という「人権の私人間効力」の問題が議論されるようになりました。

　この点につき学説では、①憲法の人権規定を私人間には適用できないとする見解（無適用説）、②私人間にも直接的に適用することを認める見解（直接適用説）、③人権規定を私人間に直接適用することは困難であるが、私法上の

一般条項（例えば、「公の秩序又は善良の風俗に反する事項を目的とする法律行為は、無効とする」と定める民法90条等）について、憲法の理念・趣旨を取り込んで解釈・運用することで、間接的に私人間においてもその効力を認めようとする見解（間接適用説）があり、この間接適用説が通説となっています。

　最高裁も、ある民間企業が、入社試験時に学生運動等に関わった経歴を秘匿し虚偽の申告をしたことを理由に、試用期間中の社員の本採用を拒否したことが、思想・良心の自由（19条）等に反するとして争われた事案で、間接適用説を採用したものと解される判決を下しています（最大判昭48年12月12日〔三菱樹脂事件〕）。

　なお、憲法が保障する権利の一部（投票の秘密〔15条4項〕、奴隷的拘束・苦役からの自由〔18条〕、児童酷使の禁止〔27条3項〕、婚姻の自由〔24条1項〕、労働基本権〔28条〕等）には、文言上またはその目的・趣旨等を含めた性質上、私人間にも直接適用されるものがあることに留意が必要です。

4）人権と公共の福祉

　自分では全く正しいと思って行ったことが、他人にとっては全く迷惑な行為であった、という経験は、日常生活の中でしばしばあると思います。もし、当事者間の法的権利の行使に関してそのような対立が生じた場合には、私たちはどのような解決策を見出すべきなのでしょうか。

　憲法は、基本的人権について、「侵すことのできない永久の権利」（11条）であると宣言する一方で、「国民は、これを濫用してはならないのであつて、常に公共の福祉のためにこれを利用する責任を負ふ」（12条）とし、さらに、「生命、自由及び幸福追求に対する国民の権利については、公共の福祉に反しない限り、立法その他の国政の上で、最大の尊重を必要とする」（13条）として、「公共の福祉」による制約があり得ることを示しています。

　また憲法は、これらの総則的規定とは別に、経済的自由を定めた個別の条文において、「何人も、公共の福祉に反しない限り、居住、移転及び職業選択の自由を有する」（22条1項）とし、「財産権の内容は、公共の福祉に適合するやうに、法律でこれを定める」（29条2項）と規定しています。

　下線で示したように、「公共の福祉」による制約に関する記載が、憲法条

文の4か所に置かれており、これらの条文が、その他の、「公共の福祉」について特に言及がなされていない人権規定との関係において、どのような法的意味を持つのかについて議論がなされてきました。それらを大別すると、以下のような3つの見解に分けることができます。

　すなわち、①基本的人権は、すべて12条、13条にいう「公共の福祉」の制約を受け、22条1項、29条2項の「公共の福祉」には、特別の意味はないとする見解（一元的外在制約説）、②人権が「公共の福祉」によって制限を受けるのは、個別の条文における人権規定で「公共の福祉」による制約を明示している22条1項と29条2項と、国家の積極的施策によって実現される社会権のみに限られ、その他の人権規定については、当該権利の社会的性質に伴った内在的制約に服するにとどまり、12条、13条の「公共の福祉」の文言は、訓示的な意味を持つにすぎないとする見解（内在・外在二元的制約説）、および③「公共の福祉」とは人権相互の矛盾・衝突を調整するための実質的公平の原理であるとし、この意味での「公共の福祉」は、条文の規定ぶりにかかわらず、すべての人権に内在するものであるとする見解（一元的内在制約説）があります。

　そもそもこの議論の背景には、「公共の福祉」という文言はいかようにも解釈し得るため、もしこれを「社会全体の利益」のように広く解釈するならば、明治憲法下と同様に人権が容易に制約されてしまう可能性があるとの懸念から、できる限り限定的に解釈すべきであるとの考えがあります。

　なお最高裁は、憲法制定当初、人権を制約する規定につき「違憲である」との訴えに対して、一元的外在制約説の立場から容易に合憲判決を導いてきましたが、1960年代頃からは、内在的制約の立場を踏まえつつ厳格に解釈するようになっています。

5）裁判所における違憲審査基準

　上記のような「公共の福祉」の解釈を中心とした人権の制約原理に関する議論を経て、近年では、人権は制約され得ることを前提に、法令等による人権の制約の合憲性が争われる具体的事例において、裁判所が違憲審査権（81条）に基づき司法判断を行う際の審査基準やその方法について、議論が展開

されています。

　裁判所が、違憲性の判断を行う際には、当該制約を受ける人権の種類、性質等に応じた基準が用いられるべきとされ、その代表的な考え方として、以下で概説する「比較衡量論」や「二重の基準論」があります。

　「比較衡量論」とは、ある人権を制約することによって得られる利益と、制約しないことで維持される利益とを比較衡量して、前者の利益が高いと判断される場合にはその制約を合憲とする、という考え方です。一見、合理的にも見えますが、この理論に対しては、最終的に、国民・少数者の利益よりも、国家・多数者の利益の方が優先的に扱われやすいのではないか、との批判がなされています。

　「二重の基準論」とは、自由権を精神的自由と経済的自由に分け、精神的自由は、民主政治の過程にとって不可欠な権利であるため、経済的自由と比較して優越的な地位にあるとの前提に立ちます。そして、裁判所による違憲審査に際しては、精神的自由を制約する法令等に対する審査を、経済的自由のそれと比べて、より厳格な基準で審査しなければならない、という考え方です。

　例えば、経済的自由を規制する立法がなされたとしても、民主政治が健全に機能していれば、議会においてあらためてその是非について議論することが可能ですが、もし、精神的自由、その中でもとりわけ表現の自由を規制する立法がなされ、民主政治の過程そのものが傷つけられることにより、議会が健全に機能しなくなった場合には、もはやこれを回復することは不可能となります。そこで裁判所が、精神的自由への規制立法に対して、経済的自由への規制立法に対するよりも、より厳格な基準をもって違憲審査をすることは、意義あるものと考えられます。

　また、社会・経済政策の問題が深く関わる経済的自由の規制については、裁判所はこれらの専門的な情報・知識に長けているわけではないので、むしろ立法権・行政権の判断を尊重する方が理にかなっている、との考え方もあります。

　この理論は、学説でも広く支持されており、また、最高裁も、小売市場開

設許可制度の合憲性を巡る訴訟の判決では、この「二重の基準論」の発想に基づいた考え方を初めて示し（最大判昭47年11月22日）、その後、薬事法の薬局距離制限規定の合憲性を巡る訴訟の判決でも、この理論をもとに距離制限規定に対して違憲の判断を示しています（最大判昭50年4月30日）。

　もっとも、この理論は、自由権における精神的自由と経済的自由の比較の中で成り立つ議論であるため、例えば、社会権のような性質の異なる権利や、同種の人権に分類される権利については、どのように理解すればよいのかといった疑問が投げかけられています。

６）幸福追求権と新しい人権

　憲法14条以下の条文には、基本的人権に関する個別・具体的な保障規定がおかれていますが、憲法が私たちに保障する権利は、ここに明記されているものに限られるのでしょうか。

　この点、憲法上明記されている人権規定は、歴史的に見て、国家によって侵害されることが多かった権利に着目して列挙されているため、憲法が保障するすべての人権が網羅的に挙げられているわけではなく、条文上、明記されていない「権利」についても、憲法上の人権として保障され得るとするのが通説的な理解です。そして、その根拠として位置づけられるのが、憲法13条です。

　憲法13条は、前段で「すべて国民は、個人として尊重される」（個人の尊重）とし、後段では「生命、自由及び幸福追求に対する国民の権利」について「最大の尊重を必要とする」として「幸福追求権」を保障しています。

　もっとも、憲法が制定された当初は、この幸福追求権は14条以下で保障する個別的な人権を総称したものにすぎず、ここから具体的な法的権利を導き出すことはできないものと解されていました。しかし、時の経過と社会状況の変化に伴って、当初は想定されていなかった様々な社会問題への法的対応の必要性が高まるにつれて、この幸福追求権は、憲法には列挙されていない「新しい人権」の根拠となる「包括的な権利」であって、個別的人権規定の保障が及ばない範囲において補充的な機能を果たし、これにより導かれる人権は、裁判上の救済を受け得る具体的な権利として憲法上保障される、と

解されるようになりました。

　一般に、「新しい人権」として主張されるものとしては、例えば、知る権利、プライバシーの権利、自己決定権、環境権、肖像権、日照権、さらには、眺望権、アクセス権、嫌煙権、平和的生存権といったものが挙げられますが、これ以外にも論者によって様々なものが主張されています。

　憲法上保障される「新しい人権」が増えていくことは、「人権保障の拡充」という視点からは、一見望ましいものと思われるかもしれません。しかし、これらを安易に増やすことは、人権の範疇を拡げすぎることになり、結果的に既存の人権の価値を相対的に低下させてしまう「人権のインフレ化」を引き起こす、との指摘もあります。

　こういった点も踏まえ、通説では、新しい人権として保障される権利は、「人格的生存」に不可欠なものであることのほか、その権利が、長期間にわたり国民生活において基本的なものであったこと、多数の国民が行使し得るものであること、他人の基本権を侵害するおそれがないこと等の要素を考慮して、慎重に判断されるべきと考えられています（限定的自由説）。

7）プライバシーの権利

　これらの新しい人権の中で、学説的にも、憲法上の権利として認められるとされるのが「プライバシーの権利」です。そもそもは「ひとりで放っておいてもらう権利」として、19世紀末以降、アメリカの判例において発展してきたものですが、日本では、同意なく小説のモデルにされた政治家のプライバシーの権利と小説の著者・出版社側の表現の自由とが対立した「宴のあと」事件の地裁判決（東京地判昭39年9月28日）で、「私生活をみだりに公開されないという法的保障ないし権利」として定義された経緯があります。

　また、最高裁の判例では、「プライバシーの権利」という表現ではないものの、警察官が学生デモ隊を撮影したことは「肖像権」の侵害であるとして争われた訴訟において、結論として当該撮影を適法としましたが、「警察官が、正当な理由もないのに、個人の容ぼう等を撮影することは、憲法13条の趣旨に反し、許されない」として、はじめて憲法13条から具体的な権利を導き出しました（最大判昭44年12月24日〔京都府学連事件〕）。

その後も最高裁は、民事訴訟において、ある者の弁護を担当する弁護士による訴訟の相手方に関する前科の照会に市の区長が応じ回答したことは、「プライバシーの権利」の侵害であるとして争われた訴訟の判決でも、「前科及び犯罪経歴は、人の名誉、信用に直接にかかわる事項であり、前科等のある者もこれをみだりに公開されないという法律上の保護に値する利益を有する」として、照会に応じて回答したことの違法性を認めました（最判昭56年4月14日〔前科照会事件〕）。また比較的新しくは、無断で小説のモデルにされた一般女性と、小説の著者・出版社側との間の出版差し止め訴訟に関連して、最高裁は女性に対するプライバシーの侵害を認めました（最判平14年9月24日〔「石に泳ぐ魚」事件〕）。

　なお現在の学説では、「プライバシーの権利」を、当初の「私生活をみだりに公開されない」という消極的な権利から、例えば、公的機関や企業等が収集・管理する自分に関する情報について、開示、訂正および削除等を求めることができる、より積極的な権利、すなわち「自己に関する情報をコントロールする権利」として再構成する見解が有力となっています。

2 平 等 権

1）法の下の平等

　憲法は、14条1項において「すべて国民は、法の下に平等であつて、人種、信条、性別、社会的身分又は門地により、政治的、経済的又は社会的関係において、差別されない」として「法の下の平等」の原則を宣言し、2項では、貴族制度の廃止・栄典に伴う特権の廃止を定め、その他にも、参政権上の平等（15条3項・44条）、両性の平等（24条）、等しく教育を受ける権利（26条）、請願権上の差別禁止（16条）についてそれぞれ定めています。

　憲法14条1項の「法の下に平等」という文言に着目すると、一見、「法適用の平等」を意味しているようにも見えます（法適用平等説）。しかし憲法は、憲法を法律に優位する最高法規と位置づけ（98条）、それを担保すべく裁判所による法律の違憲審査（81条）を認めており、また、もし法内容自体に不平等な事項があれば、それをいかに「平等」に適用したとしても、真の平等

SNS と表現の自由

　今ほど、一個人が自由に意見を述べ、それを不特定多数の人々に広く伝えることが容易な時代はありません。

　「一昔前」であれば、一個人が世間に広く何かを訴えたいと思ってもその欲求を満たしてくれる手軽なツールはなく、あえて挙げるとすれば、新聞の「投書欄」程度だったのかもしれませんが、それでも、実際に紙面に掲載されるものの多くは当該新聞社のスタンスに沿ったもので、また、それを読むのもその購読者に限られました。

　しかし現在は、周知の通り、ライン、ツイッター、フェイスブックおよびインスタグラムといった、いわゆる SNS（ソーシャルネットワークサービス）の急速な普及により、誰しもが自分の意見を自由に述べ、そして誰しもがそれを自由に受け取り得る社会へと大きく変化しました。それにより私たちは、身近な友人はもとより「面識のない人」とさえも容易かつ迅速にコミュニケーションをとることが可能となり、様々な側面から多大なメリットを享受しています。

　他方、個人による SNS への投稿が多くの人々を巻き込む「炎上」を引き起こしたり、匿名による無責任な誹謗中傷等の書き込みが、書かれた人の感情や名誉をひどく傷つけ、時に自ら命を絶つきっかけとなってしまったりと、程度の差こそあれ、SNS によるトラブルは深刻な社会問題となっています。

　このような問題を受けて、現在、政府を中心に、特に誹謗中傷等を書き込んだ匿名の投稿者を迅速に特定できるようにする方向で法改正の検討が行われていますが、それに対しては、「誹謗中傷」と「批判的な意見」の明確な線引きは難しい、安易な規制は人々を委縮させ、憲法で保障された「表現の自由」を奪いかねない、といった法改正に慎重な意見も根強くあります。

　私たちは今、科学技術の進歩により折角手にした有益なコミュニケーションツールをうまく使いこなすためにも、憲法はなぜ「表現の自由」を「優越的な地位」に据えて保障しているのかをあらためて整理した上で、その保障とSNS の普及により生じている深刻な社会問題の解消の両立をいかに図るべきかについて、真剣に考えていくことを求められているといえるでしょう。

にはなりません。よって「法の下の平等」とは、「法適用の平等」のみならず、立法権による「法内容の平等」をも求めているものと解されています（法内容平等説）。

　また、ここでいう「平等」とは、どんな場合であっても例外を認めず法的に一律に取り扱う「絶対的平等」を意味するものではなく、各人に、性別、能力、年齢、職業、財産等の事実的・実質的な差異があることを前提として、それらに応じて法的に取り扱う「相対的平等」を意味するものと解されています。

　そのため、人のおかれた立場・状況によって法的取扱いに差異があったとしても、社会通念から見て合理的である限り、「平等原則」は反しないことになります。例えば、労働基準法上の女子保護規定、未成年者喫煙禁止法・飲酒禁止法および各租税関連法上の累進課税等がそれに該当します。

　その他、14条1項後段の「人種、信条、性別、社会的身分又は門地により……差別されない」とする差別禁止事項は、ここに挙げられたものに限られる（限定列挙）との趣旨ではなく、代表的なものが例示的に挙げられたもの（例示列挙）であって、合理的ではない差別的取扱いはすべて禁じられている、と解するのが、通説・判例の立場です。もっとも、この「合理的か否か」は、事案ごとにそれぞれ検討するほかなく判断が難しい場合もあります。

2）刑法の尊属殺重罰規定をめぐって

　法の下の平等に関する最高裁判例は数多くありますが、その中でも特に重要なものの一つとして挙げられるのが、刑法の「尊属殺重罰規定」を巡る訴訟の判決です（最大判昭48年4月4日）。

　これは、刑法上「殺人の罪」について、尊属（目上の親族）以外の者を殺した場合（普通殺）には最低法定刑を3年以上の懲役（199条）とするのに比べて、尊属を殺した場合（尊属殺）にはそれを無期懲役とする刑法200条の重罰規定は、「法の下の平等」に反するとして争われたものです。

　最高裁は、「尊属に対する尊重報恩は、社会生活の基本的道義」であるとした上で、「尊属の殺害は通常の殺人に比して一般に高度の社会的道義的非難を受けて然るべきであるとして、このことをその処罰に反映させても、あ

ながち不合理であるとはいえない」として、重罰規定自体は容認しつつも、刑罰の加重の程度に着目し、「刑法 200 条は、尊属殺の法定刑を死刑または無期懲役刑のみに限っている点において、その立法目的達成のため必要な限度を遥かに超え、普通殺に関する刑法 199 条の法定刑に比して著しく不合理な差別的取扱いをするものと認められ、憲法 14 条 1 項に違反して無効である」との判断を示しました。

　この判決は、最高裁が違憲審査権（81 条）に基づき法律に初めて違憲との判断を示したものですが、違憲とされた刑法 200 条自体は長年そのまま残され、1995（平成 7）年の法律条文の口語化の際に削除されました。

　その他、法の下の平等との関係で問題となり長きに渡り争われている事例として、国会議員選挙における各選挙区の議員定数配分の不均衡により、一票の投票価値（議員一人あたりの有権者数）に不平等が生じているとする「議員定数不均衡問題」等があります。

3　自　由　権

　　「我々は、それぞれ信念を持ち、自由に物事を考え、自由に行動し、ときに他人と議論をし、生活のため、あるいはより豊かで充実した日々を送るために仕事を見つけて働き、日々の生活にできるだけ便利な所に住み、たまには旅に出る。我々は、常に自由であり、誰からも拘束されることはない。」

　おそらく私たちにとって、自由であることはあまりにも「あたり前のこと」であって、そうあることに疑問を持ったことは全くないかもしれませんが、これらの無意識的に享受している自由は、まさに「自由権」として私たちに保障された「憲法上の権利」なのです。

　自由権は、歴史的には、国家による抑圧・介入から、国民の生命・自由・財産を守るための権利であり、憲法で保障されたその他の様々な権利の中でも、より中心に位置する重要な権利と考えられており、以下で見ていく「精神的自由」、「経済的自由」、「人身の自由」の 3 つに大別されます。

1）精神的自由

　精神的自由は、主に個人の「内面的精神活動の自由」（内心の自由）と「外面的精神活動の自由」に分けられます。前者は、「心の中」に留まる限りにおいて保障される自由であり、後者は、それらが外部に表明され他者に伝達される際に保障される自由です。よって、前者は後者の基礎をなす自由であるといえます。

　具体的には、前者には、思想・良心の自由（19条）に加えて、信教の自由（20条）における「信仰の自由」、学問の自由（23条）における「学問研究の自由」等があたり、後者には、表現の自由（21条）に加えて、信教の自由における「宗教的行為の自由」および「宗教的結社の自由」、学問の自由における「研究発表の自由」および「教授の自由」等があたります。そして、前者は絶対的に保障されるのに対して、後者は公共の福祉の制約を受け得るものと考えられています。

(1) 思想・良心の自由　　憲法19条は、「思想及び良心の自由は、これを侵してはならない」と規定しています。

　思想・良心の自由とは、人間の本性に根差した内心の自由の中でも、最も根本的なものであり、国家による特定の思想の強制や、その思想に対する賛否を理由とした不利益的な取り扱いは許されないものと解されています。

　なお、「思想」と「良心」の意味については、特に区別する必要はないとするのが通説・判例であり、世界観、人生観、主義、主張等の個人の人格的な内面的精神作用を広く含むものと解されています。

　また、思想・良心は、内心の領域に留まるものである以上（たとえ反社会的な思想であっても）、一切の制約を受けることなく絶対的に保障されます。

　もっとも、そもそも内心に留まるものであれば、他人がそれを知ることはできないはずで、あえて「絶対的保障」であると強調することに意味があるのか、という疑問も生じるかもしれません。しかし、例えば、江戸時代においてキリスト教徒の迫害・弾圧の際に行われた「踏み絵」が良い例ですが、時の権力者が、自らの体制に不都合な者を排除するために、本来、内心に留まるはずの事柄も強引に告白させて、何としても該当する者を見つけ出そう

とした歴史を踏まえれば、個人の思想等の内容の告白の強制禁止（「沈黙の自由」の保障）を含めた、思想・良心の自由を絶対的に保障することの意義は、大きいものと考えられます。

　なお、最高裁は、衆議院選挙に立候補した者が、政見放送等を通じて対立候補の名誉を毀損したことについて謝罪する文章（謝罪広告）を新聞紙上に掲載するよう裁判所が命じたことについて、その広告の内容が「単に事態の真相を告白し陳謝の意を表明するに止まる程度」のものであれば、代替執行によって強制しても良心の自由を侵すものではない、との判決を下しています（最大判昭31年7月4日〔謝罪広告強制事件〕）。この判決に対しては、謝罪・陳謝という倫理的な意思の公表を、本人の意思に反して強制することとなるため、思想・良心の自由に反するとの有力な批判もあります。

　(2) 信教の自由　　憲法は、信教の自由（20条）を保障しており、これには、①「信仰の自由」（宗教を信仰するまたは信仰しない自由、信仰する宗教を選択・変更する自由といった内心における自由と、そこから派生する、信仰を告白するまたは告白しない自由および信仰の有無・内容等を理由とした利益または不利益な取り扱いを受けない自由）、②「宗教的行為の自由」（礼拝等の宗教儀式や布教活動等の自由およびこれらを強制されない自由）および③「宗教的結社の自由」（宗教団体の結成・解散、宗教団体への加入・脱退の自由）が含まれるものと解されています。

　特に「信仰の自由」は、内心の自由であり、前述した思想・良心の自由の宗教的側面をなすものであって、制約は一切許されず、絶対的に保障されるものといえます。

　一方、「宗教的行為の自由」や「宗教的結社の自由」は、信教の自由の重要な要素ではありますが、これらの行使には対外的な行為を伴うことが多く、もし、これらが他人の権利・利益や社会の公共的な利益を害するような場合には、制約をし得るものとされています。

　例えば、最高裁は、僧侶が自らの宗教的作法に従い「線香護摩」による加持祈禱（嫌がる祈禱対象者を燃えさかる護摩壇の近くに強引に引き据える等の行為を伴う）を行った結果、対象者を死亡させたことにつき傷害致死罪で有罪となった事案について、一種の宗教行為としてなされたものであっても、他人の生

命、身体等に危害を及ぼす行為は、「信教の自由の保障の限界を逸脱したもの」として、当該僧侶を処罰しても信教の自由に反するものではないとしました（最大判昭38年5月15日〔加持祈禱事件〕）。

　他方、ある宗教の信者である公立高専の学生が、自己の教義に基づき必修科目である体育の剣道実技を拒否したことが要因で退学処分になった事案において、最高裁は、学生の信教の自由の侵害であるとの主張を認める判決を下しています（最判平8年3月8日〔剣道実技拒否事件〕）。

　(3)　政教分離の原則　　憲法はこれに加えて、「いかなる宗教団体も、国から特権を受け、又は政治上の権力を行使してはならない」（20条1項後段）とし、「国及びその機関は、宗教教育その他いかなる宗教的活動もしてはならない」（3項）とすることで、いわゆる「政教分離」（国家と宗教の分離）の原則を定めています。

　さらに89条では、国等の公金・財産を宗教団体のために支出し、または公の支配に属しない慈善、教育、もしくは博愛事業に支出することを禁じることで、財政的な面からも「政教分離」の立場をより明確なものにしているといえます。

　これらの規定が設けられた背景の一つには、明治憲法下において、国家と神社神道が結びつくことによって様々な弊害を生じさせたという、歴史的経緯とそれへの反省によるものとされています。

　しかし「国家と宗教の分離」とはいうものの、そのかかわりあいを一切排除することは現実的に困難です（例えば、公立施設等にクリスマスツリーや、門松が飾られているのを目にしたことがあるのではないでしょうか）。問題は、どの程度までの「かかわりあい」が許されるのか、ということになります。

　最高裁は、市が体育館を建設する際に行われた神道式の地鎮祭に公費を拠出したことが、信教の自由・政教の分離等に反するものとして争われた訴訟で、憲法のいう宗教活動とは、国やその機関の活動で宗教とのかかわりあいをもつすべての行為を指すものではなく、「〔問題となった〕行為の目的が宗教的意義をもち、その効果が宗教に対する援助、助長、促進又は圧迫、干渉等になるような行為をいうものと解すべき」との「目的・効果基準」に基づき、

地鎮祭はもっぱら世俗的なものであり、その効果は、神道を援助、助長したり、他の宗教を圧迫するものではないため、宗教活動にあたらないと判示しました（最大判昭52年7月13日〔津地鎮祭訴訟〕）。

　一方で、県が靖国神社の例大祭等に玉串料・献灯料を公費から支出したことにつき、信教の自由・政教の分離等に反するものとして争われた訴訟では、最高裁は、上記の津地鎮祭事件判決を引用した上で、玉串料等を奉納したことは、「その目的が宗教的意義を持つことを免れず、その効果が特定の宗教に対する援助、助長、促進になると認めるべき」として、宗教活動にあたるとの判決を下しました（最大判平9年4月2日〔愛媛玉串料訴訟〕）。

　なお最近では、市が市有地を地元の神社にその施設用地として無償で使用させていたことは政教分離に反するとして争われた事案において、最高裁は、上記の「目的・効果基準」には言及せず、「社会通念に照らして総合的に判断」すべきとした上で、違憲との判断を示しています（最大判平22年1月20日〔空知太神社訴訟〕）。

　(4) 表現の自由の意義と内容　　日本国憲法が保障する諸権利は、すべてが私たちにとって大切なものですが、その中でもとりわけ重要性が高く、他の権利と比較して優越的な地位にあるとされるのが「表現の自由」です。

　その理由としては、表現の自由には、個人が自分の心の中にある思想や意見を言論活動によって外部に表明することで自己の人格を形成・発展させるという、個人的価値としての「自己実現の価値」と、国民それぞれが自己の意見や主張を述べあい、そこで示されたものを取捨選択すること（これを「思想の自由市場」といいます）を通じて政治的意思決定に参加することで民主政治の実現に資するという、社会的価値としての「自己統治の価値」があることが挙げられます。

　憲法21条1項は、「集会、結社及び言論、出版その他一切の表現の自由は、これを保障する」として、その具体的な内容を示しています。

　ここでいう「言論」とは口頭による表現行為を指し、「出版」とは印刷物による表現行為を広く含みますが、これらに限られることなく「その他一切の表現の自由」によって、テレビやラジオをはじめ、写真、絵画、映画、音

楽、インターネット等の、あらゆる媒体を介した表現行為が保障の対象となります。

　これらの権利は、「表現をする者」の側の視点に立った権利の保障に加え、情報の受け手となる国民側の「知る権利」の保障も含まれると解されます。

　また、この表現の自由の保障は、報道機関等による「報道の自由」にも及ぶものと解されています。報道機関による報道活動は、自らの意見表明であるとともに、情報の受け手であり民主政治の主体でもある国民に対し、その意思決定のために必要な情報・素材を提供するという重要な役割を担うものと考えられるからです。

(5) 集会・結社の自由　　憲法21条1項は、集会・結社の自由も保障しています。

　集会とは、複数人が共通の目的をもって特定の場所に集うことをいい、その目的は政治的なものに限られず、経済、学問、思想、宗教といった研究や討論を目的とする集いや、音楽や芸術鑑賞等を多くの人々と共に楽しむことを目的とするサークル活動等、様々なものが含まれます。集会の自由には、集会を開催し、参加する自由、参加を強制されない自由に加えて、それが行われる空間としての公園、集会所および道路といった場所・施設を利用する権利も含まれるものと解されています。

　さらに、デモ行進のような集団示威行動も、必ずしも特定の場所に止まるものではありませんが、「動く集会」として捉えることで、集会の自由に含まれるとする見解が有力です。

　結社とは、集会と同様に政治的なものに限られることなく、複数人が様々な共通の目的をもって継続的に活動を行う団体を形成することをいいます。結社の自由は、団体を結成し加入する自由、結成、加入を強制されない自由および団体の活動の自由を保障しています。

　特に団体の活動の自由に対しては、破壊活動防止法が、法務省の外局である公安審査委員会によって「暴力主義的破壊活動を行う明らかなおそれ」があると判断された団体に対して解散の指定を行うことを認めている（破防法7条）ことにつき、結社の自由を侵すとの批判があります。

(6) **検閲の禁止・通信の秘密**　憲法 21 条 2 項は、検閲の禁止と通信の秘密を定めています。

そもそも「検閲」とは、「公権力が外に発表される表現の内容をあらかじめ審査し、不適当と認めた時は、その発表を禁止する行為」と学説上は解されていますが、最高裁の判例では、「行政権が主体となるもの」と限定的に解されています。

「通信の秘密」の「通信」には、はがき、手紙等の信書のみならず、電信、電話、電子メール等の媒体が広く含まれて、また「秘密」とは、それらの具体的内容のみならず、発信者、受領者等の氏名、住所、日時、回数等の通信の存在に係るすべての事項が含まれます。

この通信の秘密を保障する趣旨は、公権力による通信内容の探索を阻止することで、通信当事者間における表現行為の委縮を防止することに加えて、「私生活の自由」の保護、すなわちプライバシーの権利を保護するという側面があるものと解されています。

これを受けて、郵便法、民間事業者による信書の送達に関する法律、さらに個人情報保護法等が制定され、また、信書開封罪（刑法 133 条）等が規定されています。

一方で、通信の秘密は絶対的に保障されるものではなく、例えば、犯罪捜査における郵便物の押収（刑事訴訟法 100 条・222 条、以下、刑訴法）、接見交通の制限に係る書類等の接受制約（刑訴法 81 条）、刑務所等の刑事収容施設収容者に対する信書の発受の制限（刑事収容施設法 127 条等）、破産管財人による破産者宛の郵便物等の開封（破産法 82 条）等の制限があります。

(7) **学問の自由**　憲法 23 条は、「学問の自由は、これを保障する」と規定しています。

とても短い条文ですが、これにより保障されるべき権利は広範にわたるものと考えられており、その内容としては、学問研究の自由、研究発表の自由、教授の自由等が挙げられます。

真理の発見や探究を目的とする学問研究の自由は、内心の自由として思想・良心の自由の一部をなすものであり、学問の自由の中でも中心に位置づ

けられるものです。もっとも、研究者が学問研究によって何らかの成果を得た場合に、それを発表できないのであれば研究そのものの意味が希薄なものとなるため、学問の自由には、研究発表の自由も含まれるものとされます。

なお、学問研究の自由に関しては、最近、遺伝子技術、体外受精、臓器移植等の医療技術が急速に進展するに伴い、人間の尊厳が根底から揺るがされかねないとの懸念のもと、このような先端技術の研究を従来のように、思想・良心の自由と同質のものという側面のみで捉え続けることは適切なのか、という議論がなされています。

また、教授の自由は、従来、その沿革からみても、大学等の高等教育機関に限られるものとされてきましたが、小学校、中学校等においても保障されるべきとの見解も有力となっています。この点最高裁は、「旭川学力テスト訴訟」において、「完全な教授の自由を認めることは、とうてい許されない」との判断を示しています（最大判昭51年5月21日）。

2）経済的自由

経済的自由は、いわゆる市民革命期において「市民階級」が絶対的権力者に対して突きつけた要求であり、その後、次第に資本主義経済が形成されていく中で、不可侵の権利として扱われました（例えば、1789年のフランス・人および市民の権利宣言17条参照）。

しかし、19世紀後半から20世紀にかけて、貧富の格差の拡大をはじめとする様々な社会的矛盾が顕在化し、福祉国家観の登場や社会権の確立が求められるにつれて、経済的自由は、精神的自由に比して、より強い制約を受けることが容認されるべき権利として理解されるようになりました（例えば、1919年のドイツ・ワイマール憲法153条3項参照）。

日本国憲法では、経済的自由として、「職業選択の自由」、「居住・移転の自由」および「財産権」を保障しています。

(1) 職業選択の自由　　人は、生計を立てるべく何らかの職業（仕事）を得なくてはなりませんが、おそらく多くの人々は、その職業を単に「生活の糧」としてだけではなく、自分にとって「働きがいのあるもの」または「生きがいを得るもの」にしたいと考えているのではないでしょうか。しかし、

かつての封建社会においては、個人が生まれながらに属する「地位」や「身分」と「職業」は密接に結びついていたため、必ずしも、個人の意思や努力によって自由に職業を選べるわけではありませんでした。

この点、封建制を排し個人の尊重を旨とする憲法は、「職業選択の自由」(22条1項) を保障しています。

この「職業選択の自由」には、自己の意思で職業を選択する自由だけではなく、その選択した職業を継続して遂行する自由 (営業の自由) も当然に含まれるものと解されています。もっとも条文上、「公共の福祉に反しない限り」との制約が明示されており、必ず希望した職業に就いて活動する権利を保障しているわけではありません。

実際にも、職業の選択や遂行につき、法令等で様々な規制が行われています。その理由としては、職業は「社会的相互関連性」が大きいため、もし完全に自由な職業活動を認めると、国民の生命・健康の保持や社会公共の安全・秩序の維持が脅かされるおそれがあることへの対応 (消極目的規制)、および、国民経済の調和のとれた発展を図り、福祉国家観のもとで求められる社会的・経済的弱者保護の要請への対応 (積極目的規制) が挙げられます。

前者については、例えば、国民の健康に直接関わる仕事である医師、薬剤師および看護師等の保健医療に係る国家資格制度や、公共の安全の確保の視点からは、武器製造事業に係る許可制度等が挙げられます。また、後者については、例えば、電気、ガス事業等に関する規制や、零細・小規模店の保護を目的とする、かつての大規模小売店舗法に基づく諸規制が典型的な例として挙げられます。

そして、裁判所がある経済的自由を規制する法令等について違憲審査を行う際には、これらの目的に応じて異なる基準をもとに行うべきとする考え方 (目的二分論) が、学説において有力に主張されています。

(2) 居住・移転の自由、外国移住、国籍離脱の自由　憲法22条の1項では「職業選択の自由」と併せて、「居住・移転の自由」を保障しています。これは、自己の住所・居所を自由に決定し移動する自由とされ、国内旅行の自由も移転の自由に含まれると解されます。

「居住・移転の自由」が経済的自由権の一つとして、一見、性質の異なるようにも見える「職業選択の自由」と並べて保障されているのは、封建的な身分制社会において、人々（特に農民）は、土地に緊縛されると同時に職業選択も厳しく制限されていたため、このような状況におかれた人々を、まずはその土地から解き放つことが、職業選択を含めた経済活動を自由にする契機になると考えられていた、という歴史的背景によります。

また2項では、外国への移住の自由と国籍離脱の自由が保障されています。

外国旅行の自由については、明文の規定がないため、いくつかの解釈がありますが、外国への移住と類似したものとして捉えて、この項で保障されると解するのが判例・通説の見解です。

後段で保障される国籍離脱の自由は、自らの意思で国籍を離れる自由を認めていますが、一方で、「無国籍」になる自由を保障するものではないとされており、国籍法（11条1項）でも、「外国の国籍を取得したときは、日本の国籍を失う」と規定されています。

(3) 財産権の保障　「額に汗して働いて蓄えた財産は自分のものであって、他人から奪われることはない」との前提のもと、私たちは日々の仕事に励んでいるはずです。この前提を担保するのが、「財産権」の保障です。

憲法は、「財産権は、これを侵してはならない」（29条1項）と定める一方で、「財産権の内容は、公共の福祉に適合するやうに、法律でこれを定める」（2項）としています。

すなわち、1項では財産権に一切の制約をつけずに、2項では「公共の福祉」による制約を広く認めているようにもみえます。すると、1項の「これを侵してはならない」とする意義について疑問が生じますが、この点、通説・判例では、1項は、個人が現に有する財産上の権利の保障と私有財産制度の保障、さらに、2項および3項への指導原理としての役割があると理解されています。

そしてこの見解を前提に、私有財産制度の核心を「生産手段の私有制」であると理解するならば、仮に、かつて一部で議論がなされていたような社会主義体制への移行を目指すならば、まず憲法29条1項の改正が必要となる

でしょう。

　また3項は、「私有財産は、正当な補償の下に、これを公共のために用ひることができる」として、私有財産を「公共」のために収用・使用することを認め、その場合には補償を要することを定めています。いわゆる「強制収用」を規定する法律は、これに基づくものといえます。なお、この「補償」とは、財産を所有する者が被ったすべての損害とするのが、通説的な理解です（完全補償説）。

3）人身の自由

　　「ある朝、ヨーゼフ・K は、理由を告げられることなく突如として逮
　　捕される。その後も、誰からも自分が逮捕された理由について一切説明
　　されることなく、全く先が見えない審判手続の中に延々とおかれる。そ
　　して一年位経ったある日の夜、ヨーゼフは、突然やって来た屈強な男二
　　人に両脇を抱えられ、郊外の小さな石切り場に連れて行かれ……。」

　この、カフカ（Franz Kafka）の小説『審判』(1927年) で描かれていたストーリーは、現在の私たちの目には、あまりにも非現実的なフィクションとして映るでしょう。

　しかし、権力を持つ者が恣意的にそれを濫用するとき、または人を裁くプロセスが明確にされていない、もしくは周知されていないときには、これは、必ずしもフィクションの世界には止まらなくなるのかもしれません。そして世界には、歴史的にまたは現在においてさえも、これに類する恐ろしい経験をしている人々は少なからず存在します。

　日本国憲法は、以下で概観するように、「適正手続の保障」をはじめ比較的多くの刑事司法上のルールを定めることで、国家による国民に対する恣意的な介入を排除し、「人身の自由」を保障しています。

　(1) 奴隷的拘束・苦役からの自由　　憲法18条は、「何人も、いかなる奴隷的拘束も受けない。又、犯罪に因る処罰の場合を除いては、その意に反する苦役に服させられない」とし、自由な人格者であることと両立しない強度な身体の拘束と、本人の意思に反する強制労働を禁止しています。この規定は、その性質上、私人間においても直接適用されます。

「奴隷的拘束」とはいかなるものか、現在の日本においては容易には想像し難いですが、例えば、かつての鉱山労働者を監禁状態にして酷使した「監獄部屋」(たこ部屋)や、親が娘を娼妓として働かせることを条件に置屋等に預けることで金銭を前借りした「娼妓契約」等が、これに該当します。

「意に反する苦役」については、例えば、非常災害時における付近住民への応急的な労役の提供協力義務(消防法29条5項、水防法24条、災害対策基本法65条1項、災害救助法8条等)は、これに該当しないものと解されています。一方、徴兵制度については、通説および政府見解によると苦役に該当するものとされています。

また最近では、裁判員制度について、国民に強制することは苦役にあたるとして争われた訴訟で、最高裁は、裁判員の職務は参政権と同様の権限を国民に付与するものであって苦役にはあたらない、との判断を示しています(最大判平23年11月16日)。

(2) 適正手続の保障　「何人も、法律の定める手続によらなければ、その生命若しくは自由を奪はれ、又はその他の刑罰を科せられない」とする憲法31条は、以下、39条に至るまでの詳細な個別規定で保障された人身の自由に関する基本原則を定めたものといえます。

この規定は、制定経緯から見ても、アメリカ合衆国憲法における「法の適正な手続」(due process of law)を定めた条項(修正5条および修正14条)に由来するものと解され、通説ではこの理解を前提として、憲法31条は、①刑罰を科すまでの手続は法律で定められること、というこの条文の文理的な解釈に加えて、②手続を定める法律の内容が適正であること、③犯罪となる行為および犯罪に対する刑罰は法律で定められること(罪刑法定主義)、④刑罰規定を定めた法律の内容が適正であること、を要請したものとして広く解釈されています。

なお、刑事手続では、①「犯人と思われる者」を発見し、証拠を収集すること等によって事案を明らかにしようとすることを「捜査」、②その結果を検討した上で、その者を裁判にかけることを「起訴」(公訴提起)、③判決を導くために、裁判所においてその者に対して審理を行うことを「裁判」(公

判）といい、大きく3つの段階に分けられます。

　以下では、この刑事法上の例に従い、捜査段階における「犯人と思われる者」を「被疑者」とし、起訴され審理を受ける際の「犯人と思われる者」を「被告人」（憲法では「刑事被告人」といいます）として、それぞれの権利について概説します。

(3) 捜査における被疑者の権利

　a）不法な逮捕・抑留・拘禁からの自由　　捜査において、被疑者が逃亡したり、何らかの証拠を隠したりするおそれがあれば、その者の身柄を拘束する必要が生じることもあります。事案の真相を明らかにするためには必要な措置ですが、一方で、公権力による恣意的な運用が行われるようなことは、絶対に避けなければなりません。そのため憲法では、比較的詳細に条件や手続を定めています。

　まず逮捕は、まさにその場で犯罪が行われていることが明らかである現行犯を除いては、その理由を明記された権限を有する司法官憲（裁判官）が発した令状によらなければならないとして「令状主義」（33条）を定めています。

　さらに被疑者の身体の拘束（一時的なものが抑留、より継続的なものが拘禁）を行う場合には、直ちにその理由を示し、弁護人を依頼する権利が与えられなければならない（34条前段）とし、さらに拘禁については正当な理由を要し、要求があれば、直ちに本人とその弁護人の出席する公開の法廷で示されなければならない（34条後段）と定められています。

　b）住居の不可侵・違法な捜索・押収からの自由　　捜査では、被疑者を取り調べるだけではなく、時には、証拠品等の確保の要請から、被疑者の住居に強制的に立ち入り、捜索や押収を行うことが必要と思われることもあります。一方、住居は各人の私生活の中心であり、私生活の自由の確保とプライバシーの保護の観点からも、公権力が立ち入ることは容易には認められません。

　そこで憲法は、公権力が立ち入って捜索や押収することができる要件として、裁判官が、正当な理由に基づき、その場所や物を明示して発した各別の令状がある場合（35条）と、被疑者が適法に逮捕された場合（33条）に限られるものとしています。

(4) 裁判における被告人の権利　　憲法 31 条は、「法の定める手続」に基づき、何らかの罪を犯したことが裁判において明らかとなった者に対して、刑罰を科すことを認めています。

一方で、刑罰はまさにそれを科される者の自由を著しく制限し、時には生命を奪うことさえあるため、刑罰を科すための手続は、厳格かつ慎重なものでなければなりません。憲法は、裁判に関して、以下のような被告人の権利を保障しています。

a) 公平な裁判所の迅速な公開裁判を受ける権利の保障　　被疑者が起訴されると、被告人として扱われます。

そして被告人には、公平な裁判所の迅速な公開裁判を受ける権利（37 条 1 項）が保障されます。この「公平な裁判所」とは、構成その他において偏りのおそれがない裁判所であり、それを担保すべく刑事訴訟法等で、裁判官等の除斥、忌避等の制度（刑訴法 20 条・21 条 1 項等）が設けられています。

また「迅速な裁判を受ける権利」も、被告人にとって重要な権利です。不当に裁判が遅延するならば、事実上の「裁判の拒否」ともなり、また、被告人にとって、身体拘束の長期化、有利な証拠の散逸、心理的・物理的負担の増加等により、著しく不利な立場におかれることにもなります。

この点について、最高裁は、15 年にわたり審理が中断された「高田事件」に関して、裁判の著しい遅延の結果、迅速な裁判を受ける被告人の権利が害されるという異常事態が生じた場合には、憲法 37 条 1 項は、審理を打ち切るとする非常救済手段をも認める趣旨である、として被告人に免訴を言い渡しました（最大判昭 47 年 12 月 20 日）。

この条文では、併せて「公開裁判を受ける権利」を保障しています。これは、対審および判決が公開の法廷で行われることを意味します。そのため国民は、各裁判所において、原則、自由に裁判の傍聴が認められています。

もっとも、最近では、犯罪被害者保護の視点から、法廷において被害者等が証人として証言を行う場合には、傍聴人や被告人との間を衝立等で遮蔽したり、証人を法廷とは別の部屋に在席させて、モニター等を利用した「ビデオリンク方式」による尋問（刑訴法 157 条の 3・4）を行うことがありますが、

この点につき最高裁は、審理が公開されていることに変わりはなく、37条1項等に反するものではないとの判断を示しています（最判平17年4月14日）。

b）証人尋問権・証人喚問権、弁護人依頼権の保障　　裁判では、事案を客観的に判断するという視点から、被告人以外の第三者を証人として呼ぶことがありますが、一方で、証人が被告人に対して不利な事柄を一方的に証言した場合には、裁判は偏ったものになってしまう可能性があります。

　そこで憲法は、「刑事被告人は、すべての証人に対して審問する機会を充分に与へられ、又、公費で自己のために強制的手続により証人を求める権利を有する」（37条2項）と規定し、被告人に対して、法廷において自身に不利な供述をする証人に対する反対尋問を行う権利と、さらに、自分に有利な証人を求める権利を保障することで、公正な裁判を担保しようとしています。

　また、一般の国民が被告人となった場合、法廷において、一人で法律の専門知識を有する検察官と対峙しつつ、自己の主張や弁明を裁判官が理解できるように説明することは、なかなか難しいことです。そのため憲法37条3項では、被告人に対して、資格を有する弁護人を依頼する権利と、自ら依頼することができない場合には、国に弁護人を付すことを求めることができるとして「国選弁護人権」を保障しています。これにより、もし被告人が弁護士を雇う費用に乏しい場合でも、国選弁護人の付与を受けて裁判にのぞむことができます。なお、起訴前の被疑者に対しては、一定の要件に該当する場合に、法律で国選弁護人を付すことを定めています（刑訴法37条の2）。

（5）被疑者・被告人の権利

a）不利益供述強要の禁止、自白の証拠能力　　憲法38条は1項で「何人も、自己に不利益な供述を強要されない」と規定しています。「自己に不利益な供述」とは、有罪判決を受けるかまたは量刑がより重くなる根拠となる事実を供述することであり、これを拒否する権利（自己負罪拒否特権）が保障されていると考えられています。刑事訴訟法では、この憲法上の権利をもとに「黙秘権」を保障しています（刑訴法198条2項・291条4項・311条1項）。

　また2項は、「強制、拷問若しくは脅迫による自白又は不当に長く抑留若しくは拘禁された後の自白は、これを証拠とすることができない」とし、さ

らに3項は、「自己に不利益な唯一の証拠が本人の自白である場合には、有罪とされ、又は刑罰を科せられない」と規定しています。

これらの規定は、自白の偏重が、拷問や冤罪等の人権侵害の原因となってきた歴史の反省を踏まえて、任意性がない自白の証拠能力を否定し、さらに自白以外に補強する証拠を必要とすることで、自白の証明力に制限を加えたものです。

b) 遡及処罰・二重処罰の禁止　憲法39条は、「何人も、実行の時に適法であつた行為又は既に無罪とされた行為については、刑事上の責任を問はれない。又、同一の犯罪について、重ねて刑事上の責任を問はれない」と規定しています。

前段前半は、ある者がある行為をした後に、当該行為を罰する法律が制定・施行されたとしても、当該行為者を遡及して（さかのぼって）罰することはできないとする「遡及処罰の禁止」を定めています。もし、遡及して処罰されるとすると、私たちは、今現在は合法の行為であっても、後々違法とされ罰せられるのではないかと思い委縮し、自由な行動がしづらくなる可能性があるからです。

また、前段後半は、無罪判決が確定した後にそれを覆して有罪とすることはできないとする「一事不再理」を定め、後段は、有罪が確定して刑罰がすでに科された行為に対して、あらためて審理を行い、さらに別の刑罰を科すことを認めない「二重処罰の禁止」を定めています。

これらの規定は、判決の変更や裁判の蒸し返しの可能性を否定することで、判決を受けた者が、いつまでも法的に不安定な状態におかれることのないようにしたものです。

c) 拷問・残虐な刑罰の禁止　憲法36条は、「公務員による拷問及び残虐な刑罰は、絶対にこれを禁ずる」と規定しています。拷問は、その対象者から自白を引き出すために、時代や洋の東西を問わず行われてきました。

明治憲法下の旧刑法では拷問は禁止されていましたが、実際には行われてきたとの反省のもと、この条文では、あえて「絶対に」との文言を加えることで、その禁止をより一層強調しています。

また「残虐な刑罰」とは、判例では「不必要な精神的、肉体的苦痛を内容とする人道上残酷と認められる刑罰」とされています（最大判昭23年6月30日）。

　これに関連して、特に問題となるのは、死刑（刑法199条等）が「残虐な刑罰」にあたらないのかです。憲法施行後間もなくこの点につき争われた訴訟で、最高裁は、憲法13条の「公共の福祉に反しない限り」と、31条の「法律の定める手続によらなければ」をそれぞれ反対解釈することで、憲法上、死刑制度は容認されているとの立場をとり、また36条の「残虐な刑罰の禁止」とは、刑罰の執行方法のことを指し、仮にそれが、火あぶり、はりつけ、さらし首、釜ゆでの刑等によるのであれば、残虐な刑罰に該当するとの判断を示しました（最大判昭23年3月12日）。

　なお憲法論とは別に、国際的潮流としては死刑制度は廃止の方向にあるともいえそうですが、国内的には、2019（令和元）年に行われた内閣府の世論調査によると、死刑制度を廃止すべきとした人が9.0％であるのに対して、80.8％の人が死刑制度の存置に賛成しているのも事実です。

4　社　会　権

　19世紀の近代立憲主義における最大の特色の一つは、時の絶対的な権力者による抑圧・介入から、市民の生命・自由・財産を守ることを眼目とした、自由権（国家からの自由）を確立したことにありました。以降、産業革命等の科学技術の進歩も相まって、いわゆる資本主義経済は急速に発展していくことになります。

　一方で、このような変化による利益を享受できる者とできない者の間の、いわゆる「貧富の格差」をはじめとする様々な社会のひずみが顕著になっていく中、19世紀後半から20世紀にかけて、むしろ国家は、社会的・経済的弱者を救うべく、特に経済的・福祉的側面から国民生活に積極的に関わるべきであり、そして国民にも、国家の積極的な施策を求める権利があると理解されるようになりました。それが「20世紀的権利」ともいわれる、社会権（国家による自由）です。

社会権は、日本国憲法にも採り入れられ、具体的には、「生存権」、「教育を受ける権利」、「勤労の権利」、「労働基本権」として保障されています。

1）生 存 権

憲法25条は1項で「すべて国民は、健康で文化的な最低限度の生活を営む権利を有する」として生存権を保障しています。またこの規定は、社会権における原則的な規定としても位置づけられています。さらに2項では、生存権をより具体化するために、「国は、すべての生活部面について、社会福祉、社会保障及び公衆衛生の向上及び増進に努めなければならない」とし、これを受けて、生活保護法や国民健康保険法をはじめとする様々な社会法の整備とそれらに基づいた施策が行われています。

この生存権に関して特に議論となるのが、「最低限度の生活」を営むことができていないと考えた国民は、この権利に基づき、国に対して具体的な請求を行うことができるのか、という点です。

学説には、生存権規定は、政治や立法の指針や努力目標を示したものにすぎず、個々の国民に具体的な権利を保障し、それに対応する国の義務を定めているわけではないとする考え方（プログラム規定説）がありますが、通説は、生存権規定は国家機関を拘束する法的権利であることを前提にした上で、生存権の内容は抽象的で不明確であるため、それを具体化する法律によって初めて具体的な権利となると解しています（抽象的権利説）。よって、例えば生活保護法のような具体的立法がある場合には、憲法と生活保護法を一体として捉え、生存権に基づき司法的な救済を求めることは可能である、ということになります。

この点最高裁は、生活保護法に基づく生活扶助基準が生存権保障に見合うものかどうかが争われた「朝日訴訟」において、生存権の規定は国の責務として宣言したにとどまり、直接個々の国民に具体的な権利を付与したものではなく、生活扶助基準の設定は、厚生大臣の合目的的な裁量に委ねられている、との判断を示しています（最大判昭42年5月24日）。

2）教育を受ける権利

憲法26条は1項で「すべて国民は、法律の定めるところにより、その能

力に応じて、ひとしく教育を受ける権利を有する」とし、2項では「すべて国民は、法律の定めるところにより、その保護する子女に普通教育を受けさせる義務を負ふ。義務教育は、これを無償とする」と規定しています。

個人が人格を形成し充実した社会生活を送るため、さらには、主権者としての健全な市民を育成するという視点からも教育は不可欠なものであるため、この権利は、教育を受ける機会をすべての国民に保障したものです。

教育を受ける権利に関して議論されてきたのが、「実際の教育内容について決定する権限を誰が有するのか」という点です。具体的には、国にその内容に関与・決定する権限があるとする「国家の教育権説」と、親やその付託をうけた教師を中心とする国民全体にあるとする「国民の教育権説」との見解の対立があります。

この点に関して、1961（昭和36）年に文部省が行った全国の中学生を対象とした一斉学力テストの違法性が争われた「旭川学力テスト訴訟」（33頁参照）において、最高裁は、上記の両説について、いずれも「極端かつ一方的」とした上で、子どもの「学習をする権利」に理解を示し、また、普通教育を担う教員の一定の「教育の自由」を認めつつ、一方で、児童生徒には教育内容を批判する能力がなく、教師が児童生徒に対して強い影響力、支配力を有し、子どもに学校や教師を選択する余地が乏しく、また、全国一定の教育水準を確保すべき要請があること等から、国は、必要かつ相当と認められる範囲において、教育内容についても決定する権限を持つ旨、結論づけています。

なお、この「学力テスト」は、1964（昭和39）年から中止されていましたが、2007（平成19）年に再開されて、その後は対象者や結果の公表方法等に多少の変更を経て、現在に至っています。

また、2項については、その無償とされる範囲が争われましたが、最高裁は、授業料を徴収しない意味であるとしています（最大判昭39年2月26日）。なお現状としては、法律に基づき、義務教育における教科書は無償で支給されています（教科書無償措置法3条・5条）。

３）勤労の権利

　人は、生計を立てるために働かなければなりません。これは、あらゆる時代・社会に共通した普遍的な原則ともいえるでしょう。

　憲法 27 条は 1 項で「すべて国民は、勤労の権利を有し、義務を負ふ」と規定しています。

　この勤労の権利とは、働く自由を国家によって妨げられないことに加えて、就労の意思と能力を持ちながらもそれがかなわない者は、国に対して、就労機会の確保と就労までの間における生活に配慮する措置を講ずることを求めることができる権利といえます。

　また、勤労の義務とは、働く能力のある者は自ら生計を立てるべきである、との倫理的規定であり、国民に強制的に労働をさせる趣旨ではないと解されています。

　2 項は、「賃金、就業時間、休息その他の勤労条件に関する基準は、法律でこれを定める」としています。

　これらの勤労条件は、労働者にとって非常に重要な事項ですが、もし「私的自治」のもとで当事者間の「契約の自由」に委ねられると、現実の力関係からは、使用者に有利な条件が設定されてしまうことは容易に想定できます。そのため、この規定は契約の自由に制限を加え、両者対等な立場で勤労条件が設定されるように法律に委ねたものです。

　また 3 項では、児童は、大人たちの意のままに、劣悪な労働環境のもと低賃金で働かされてきたという歴史的背景から、児童の酷使を禁じています。この条文は、その性質上、私人間においても直接適用されます。

４）労働基本権

　憲法 28 条は、「勤労者の団結する権利及び団体交渉その他の団体行動をする権利は、これを保障する」と規定しています。

　前述したように「契約の自由」を優先させると、労働者は、雇う自由や雇用条件を定める自由を持つ使用者と比べて圧倒的に不利な立場におかれることになり、これが、結果的に貧富の格差の拡大につながるとも考えられます。

　そこで憲法は、使用者と労働者を対等な立場におくことを目的として、労

働基本権を定めました。具体的には、団結権（労働組合を結成する権利）、団体交渉権（労働組合と使用者が対等な立場で労働条件等について交渉をする権利）および団体行動権（労働組合が争議〔ストライキ〕を行う権利）であり、これらは一般に「労働三権」といわれています。

　この点、特に議論となるのは、それぞれの所管法律で定められている公務員に対する労働基本権の制限の合憲性についてです。

　最高裁は、幾度かの判例変更を経て、労働基本権は公務員にも保障されるが、「国民全体の共同利益」の見地から制約され得るとの判断を示しています（最大判昭48年4月25日〔全農林警職法事件〕）。

　その他、労働基本権について留意すべきことは、特に団体交渉権、団体行動権を行使する主体は、労働者の団体としての労働組合が前提となっていることです。厚生労働省の調査によると、2019（令和元）年の労働組合の推定組織率は16.7％まで下降し、また、そもそも組合を結成しまたは加入すること自体が事実上難しい非正規雇用の労働者が約4割にまで増加している中で、いかに労働基本権の実効性を確保するのかが課題の一つといえるでしょう。

5　国務請求権・参政権

1）国務請求権（受益権）

　この権利は、ここまでで説明してきた様々な人権の保障をより確実なものとするための、いわば人権を確保するための権利であり「受益権」ともいわれています。

　具体的には、公的機関に対して、立法や政策等の様々な「公の仕事」に関して希望を述べる権利である「請願権」（16条）、自己の権利が侵害された場合に、立法権・行政権から独立した裁判所における公正な裁判を求める権利である「裁判を受ける権利」（32条）、公務員の不法行為により生じた損害に対する賠償を求める権利である「国家賠償請求権」（17条）および刑事手続において抑留・拘禁された被告人が後に無罪の判決を受けた場合に、被った損失につき保障を求める権利である「刑事補償請求権」（40条）が定められています。

2）参 政 権

参政権とは、国民が主権者として国政に参加する権利です。国民主権を実質的に確保するためには、必要不可欠な重要な権利といえます。

憲法は、国民が直接選んだ国会議員を通して政治を行う間接民主制（前文・43条1項）を原則とし、最高裁裁判官の国民審査制（79条2項）および憲法改正の国民投票（96条1項）等の直接民主制を補充的に採用しています。

間接民主制には選挙権の保障が重要です。憲法は、公務員の選定・罷免権（15条1項）を「国民固有の権利」であるとし、さらに、国会議員の選挙権・被選挙権（44条）、地方公共団体の長および議員等の直接選挙（93条2項）について定めています。

また、選挙権について、財産や納税額等で差別をされない「成年者による普通選挙」（15条3項）、被選挙権に関する資格の平等（44条）、誰に投票したのかを秘密とする「秘密投票」（15条4項）が保障されています。

なお、2015（平成27）年6月の公職選挙法の改正により、選挙権年齢は20歳以上から18歳以上に引き下げられ、1年後から施行されています（公職選挙法9条1項）。

■発展課題

1　基本的人権の保障に関して、外国人に加えて、法人、天皇・皇族、未成年者、公務員、在監者のそれぞれについて、どのような権利が認められ、または認められないのかについて考えてみましょう。
2　表現の自由とプライバシー権に関して争われた訴訟は、数多くあります。最近では、どのようなことが争われたのかを調べてみて、自分の周りでも起きうる事案について考えてみましょう。
3　自由権と社会権の歴史的な成り立ちの相違についてまとめて、生存権をめぐる最近の問題と、法的にどのような対応が可能なのかを考えてみましょう。

■参考文献

芦部信喜・高橋和之補訂『憲法（第7版）』岩波書店、2019年
高橋和之『立憲主義と日本国憲法（第5版）』有斐閣、2020年

渋谷秀樹・赤坂正浩『憲法 1 人権（第 7 版）』有斐閣アルマ、2019 年
青井未帆・山本龍彦『憲法Ⅰ 人権』有斐閣ストゥディア、2016 年
河原格編著『法学への一歩（第 3 版）』八千代出版、2009 年

3章

家族と法

　民法は、財産に関する法のほかに、家族に関する法を定めています。民法の家族に関する法は、戦後、憲法の改正により大幅な改正がなされ、現在に至っています。その間、数度の改正がなされていますが、大枠は戦後の改正から変わっていません。しかしながら、現在、戦後に想定されなかった代理母や同性婚など新しい家族関係が登場し、これらの家族関係を法がどのように捉えるべきか大きな課題となっています。

1　親族の範囲

　私たちが親族と考える範囲は、人によって異なりますが、民法は、親族の範囲を一律に定めています。親族の種類として、血族と姻族、直系と傍系、そして卑属と尊属の区別があり、特に血族と姻族によって、親族の範囲を定めています。血族は、血のつながりのある者であり、姻族は、血族の配偶者または配偶者の血族です。

　民法725条は、6親等内の血族、配偶者、3親等内の姻族を親族としています。ただし、扶養義務が発生する親族、婚姻できない親族などについては、あらためて親族の範囲が定められており、民法725条の定める親族の範囲と異なります。そのため、民法725条がわざわざ親族の範囲を指定する必要はないかもしれません。

2　婚姻関係

1）婚　　姻

　（1）婚姻の成立　　婚姻の成立には何が必要であると思いますか。指輪、

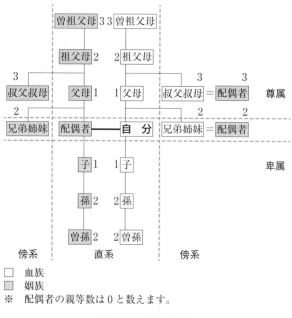

図 3-1　親族関係図

結婚式などが考えられますが、民法は、これらによって婚姻が成立するとは考えていません。婚姻の成立には、次の要件すべてを備えることが必要とされています。その要件とは、婚姻しようとする者同士が互いに婚姻するという意思があること（婚姻意思の合致）、男性が18歳、女性が16歳に達していること（婚姻適齢、民法731条、以下、民）、すでに婚姻し、夫婦関係のないこと（重婚の禁止、民732条）、女性が再婚する場合には、離婚または婚姻取消をした日から100日が経過していること（再婚禁止期間、民733条1項）、婚姻する相手方が直系血族・3親等内の傍系血族、直系姻族など一定範囲内の親族関係にないこと（近親婚の禁止、民734条・735条・736条）、未成年者が婚姻する場合には、親の同意を得たこと（未成年者の婚姻と父母の同意、民737条）これらの要件すべてを満たした上で、婚姻届を市町村役場に提出することにより婚姻が成立します（民739条1項）。なお、法改正により、2022年4月1日以降、民法上の成年年齢が18歳になります（改正民法4条）。この改正に伴い、婚姻

ができるようになる年齢（婚姻年齢）は男女ともに18歳になります（改正民法731条）。また、未成年者の年齢は男女ともに18歳未満となり、未成年者は婚姻ができなくなるため、未成年者の婚姻に親の同意を得なければならないという条文は削除されます。婚姻年齢に男女の差があるのは、外で働くのは男性、家庭を守るのは女性という考え方に基づくものです。婚姻した後も仕事を続ける女性の数は、従来に比べても多くなりました。今回の改正では、婚姻年齢に社会的・経済的成熟度が重視され、社会的・経済的成熟度に男女の差がないことから、男女の婚姻年齢が区別されることはなくなりました。

(2) **婚姻の一般的効果**　　婚姻の成立により、夫婦にはいくつかの効果が生じます。その効果は、一般的効果と財産的効果に分かれます。一般的効果は、夫婦2人が氏を夫か妻いずれかの氏にすること（夫婦同氏、民750条）、夫婦が同居し、互いに協力し、助け合うこと（同居協力扶助義務、民752条）、婚姻をした未成年者が成年に達したものとみなされ、契約が単独で締結できるようになること（成年擬制、民753条）、夫婦の間で締結された契約は、第三者の権利を害さない限り、いつでも取り消すことができること（夫婦財産取消権、民754条）、夫婦が夫婦以外の者と肉体関係を持たないこと（貞操義務、民770条1項1号類推）です。前述のように、2022年4月1日以降、成年年齢が18歳になり、婚姻年齢も男女ともに18歳に改正されるため、18歳未満の未成年者は婚姻することができなくなります。これにより、未成年者が婚姻により成年とみなされるという法律（民753条）も削除されます。

(3) **婚姻の財産的効果**　　婚姻は夫婦の財産関係にも影響を与えます。婚姻をすると夫婦が取得した財産は夫婦二人の物となるのではないかと考える人もいるのではないでしょうか。しかし、後述する夫婦財産契約を締結しない限り、夫婦各自が取得した財産は、民法に従い決定され、婚姻前と同様に、夫婦各自の物となります。

夫婦財産契約は夫婦の財産関係を自由に決定することができるもので（民755条）、この契約は、婚姻前に締結し、届出をすることが必要になります。この契約は、原則として、婚姻後変更することができません（民758条1項）。非常に利便性が悪いためか、現状として、契約を締結する夫婦の数は非常に

少なく、年間1、2件です。

　前述のように夫婦財産契約を締結しない場合、夫婦の財産は、民法に従い決定され、夫が取得した財産は夫の物、妻が取得した財産は妻の物になります（法定財産制、民762条）。そのため、妻が家事を担い、家で夫に貢献したとしても、夫の稼いだ収入は夫のものとなってしまいます。

　例えば、食費、子の養育費、医療費など、婚姻に必要な費用（婚姻費用）は、夫婦で分担します（民760条）。夫婦各自の分担額は、夫婦の事情（収入を得ているのが夫のみか、夫婦ともに同程度の収入を得ているかなど）を考慮して夫婦間で決定します。

　婚姻に必要な物や子の養育費などの代金は、夫婦の一方が契約を締結したとしても、夫婦双方が支払う義務を負います（日常家事債務の連帯責任、民761条）。

2）離　　婚

　一度成立した婚姻は、一方配偶者の死亡または離婚によって解消し、死亡による婚姻解消と離婚とでは、氏や姻族関係などに与える影響が異なり、配偶者死亡による婚姻解消の場合、届出をしない限り、氏と姻族関係について変更はありません（民751条1項、戸籍法95条、民728条1項）。離婚の場合、後述の通り氏と姻族関係は元に戻ります。

　（1）離婚の方法　　離婚の方法には、夫婦の話し合いで決定する協議離婚、調停委員と裁判官も同席し話し合いで決定する調停離婚、裁判官が決定する審判離婚、裁判によって成立させる裁判離婚、離婚訴訟中に和解が成立する和解離婚、離婚訴訟中に相手方が離婚請求を認諾する認諾離婚など（人事訴訟法37条、以下、人訴）があります。

　協議離婚は、夫婦間の話し合いによるもので、離婚届の提出が必要となります（民764条・739条）。届出後、配偶者双方が本当に離婚を望んでいるのかなどを審査することがないため、離婚を望む配偶者が勝手に届出を提出してしまうことも考えられます。このような勝手な届出を防止するため、事前に市町村役場に申出をすれば離婚届が提出されたとしても、離婚届を受理されないようにすることができます（不受理申出制度、戸籍法27条の2第3～5項）。

協議が調わず、それでもなお離婚を望む者は調停を申し立てることになります（家事事件手続法 257 条 1 項、以下、家事）。調停により離婚の合意ができた場合、調停離婚が成立します（調停離婚、家事 268 条）。調停が成立せず、家庭裁判所が相当と認めるとき、家庭裁判所は審判により離婚を成立させることもあります（審判離婚、家事 284 条）。審判離婚に不服な場合または調停不成立で審判が開かれなかった場合に、夫婦の一方が裁判所に対し離婚請求の申立てをすることができます。なお調停前置主義が取られるため、協議が調わなかった場合に、調停等を経ずに裁判を提起することはできません。

　他方配偶者に、①不貞行為、②悪意の遺棄（離婚させることを意図して生活費を払わないなど）、③３年以上の生死不明、または④回復の見込みのない強度の精神病、⑤その他婚姻を継続しがたい重大事由（例えば、DV、浪費癖など）がある場合に、一方配偶者が離婚を訴えることができます（民 770 条 1 項）。例えば、不倫をして別の家庭を作っている者が離婚請求をした場合に、離婚が認められるのでしょうか。最高裁判所は、未成熟子がいないこと、長期の別居、離婚請求をされた配偶者がきわめて精神的・社会的・経済的に過酷な状況におかれないことを条件に、離婚を認めています（最大判昭 62 年 9 月 2 日）。

(2) 離婚の効果　　離婚の成立により婚姻の効果は消滅します。例えば、姻族関係は何らかの手続をせず終了し（民 728 条 1 項）、婚姻により変更した者の氏は婚姻前の氏へ戻ります（復氏、民 767 条、ただし、離婚から 3 か月以内に届出をすることによって、婚姻中の氏を称することもできます）。また、配偶者双方の再婚が可能となります（ただし、女性のみ再婚禁止期間があります。50 頁を参照してください）。

　離婚する夫婦に未成熟の子がいる場合、離婚後、子をどのように養育するのか決定する必要があります。婚姻中は父母が共同で子の親権者となりますが、離婚により父母の一方が親権者となります（民 819 条）。親権者をどちらにするか話し合いがまとまらない場合など、親権者とは別に子を養育する監護者を決めることもできます。この場合、子の養育は監護者が行い、親権者が子の財産管理を行うことになります。また、非親権者も子を養育する義務を負うため（民 877 条 1 項）、非親権者が養育費を支払わない場合、その請求

をすることができます。養育費については、請求すべき養育費の額を算定表（算定表は、裁判所のHPからみることが可能です）によって決定する傾向がみられます。非親権者には、離婚後、子と会い、触れ合う機会を得る権利（面会交流権）があります（民766条1項）。

　財産上の効果として、配偶者の一方は他方に対して財産分与を請求することができます（民768条）。財産分与の内容は、夫婦財産関係の清算、離婚後扶養、慰謝料とされています。夫婦財産関係の清算では、婚姻中に蓄積された夫婦各自の財産を対象とし、原則として、その財産を夫婦で半分ずつに分けることになります。離婚後扶養は、清算や慰謝料の額が少なく、離婚後、一方配偶者が生活に困り、他方配偶者に経済的余力のある場合に、他方配偶者が一方配偶者に対して支払うべきものです。慰謝料には、DVなど一方配偶者の婚姻中の行為から精神的損害を受けたことによるものと、その行為を原因とする離婚自体から精神的損害を受けたことによるものとが含まれます。慰謝料は、不法行為（民709条）に基づくものですが、多くの学説および判例により財産分与の内容にも含まれると解されています。

3　親子関係

　法律上、親と血縁関係にある子を実子、親の養育の意思に基づいて親との関係を生ずる子を養子といいます。実子は、嫡出子と非嫡出子とに大別されます。養子は、普通養子と特別養子とに大別されます。

1）嫡出子・非嫡出子

　(1)　嫡出子　　婚姻関係にある男女から生まれた子を嫡出子といいます。嫡出子か否かは、婚姻中に懐胎（妊娠）した子か否かで推定します。婚姻中に懐胎したか否かわかりにくい場合があるので、民法は、婚姻成立の日から200日を経過した後または婚姻の解消・婚姻の取消しの日から300日以内に生まれた子を婚姻中に懐胎した子、すなわち嫡出子と推定しています（民772条）。子の母は出産の事実により明らかですが、子の父は推定する事実がありません。民法は、子が婚姻中に懐胎したものと推定されると、その子はその母の夫の子とも推定しています（同条）。

生殖補助医療

　自然妊娠が難しい場合、医療の力をかりて子をもうけることがあります。例えば、配偶者間の人工授精となる AIH（Artificial Insemination by Husband）、非配偶者間の人工授精 AID（Artificial Insemination by Donor）、夫婦の受精卵を第三者に注入し、子を出産してもらう代理出産などです。このように医療の力をかりて子をもうけた場合の親子関係については、特別な法が存在しなかったため、親子関係を推定する民法 772 条によって、生殖補助医療により生まれた子と父母との関係を考えなくてはなりませんでしたが、2020 年 12 月、生殖補助医療により生まれた子と親の関係を定める民法の特例法が衆議院で成立しました。

　特例法は、①夫以外の男性から精子の提供を受けて生まれた子について、夫の同意を得ていれば、子が生まれてから夫が自分の子ではないと主張できないこと、②他人の卵子を用いて女性が妊娠し、出産した子について、子を出産した女性がその子の母としています。また、①および②に該当しない代理出産などについては、2 年をめどに法律上の必要な措置をとるとしています（衆議院HPより　http://www.shugiin.go.jp/internet/itdb_gian.nsf/html/gian/honbun/houan/g20306013.htm）。

　現状では、代理出産については、子を産んだ者が第三者であれば、代理出産により産まれた子の母は第三者と判断されます（最決平 19 年 3 月 23 日）。代理出産を依頼した父母と子との間に親子関係を形成するためには、養子縁組によるしかありません（特別養子縁組であれば、実親子とほぼ同じ関係を形成できます）。代理出産を依頼した父母、子、子を産んだ女性は、このような親子関係になることを望んでいないように思います。医療の進歩に対応すべく法整備がより進んでいくことが期待されます。

　いわゆる授かり婚や婚姻前からの同棲などにより婚姻 200 日以内に生まれた子も、嫡出子として扱うことになっています（推定されない嫡出子）。婚姻成立から 200 日後または離婚後 300 日以内に生まれたが、推定される夫（または離婚した夫）の子ではない場合に、父は子が自分の子でないことを訴えることができます（嫡出否認の訴え、民 774 条から 777 条）。この訴えは、子の出生を知った時から 1 年以内に提起しなければならず、父のみが訴えることができ

ます。また、親子関係不存在確認の訴えにより父子関係を否定することも可能です（人訴2条2号）。この訴えは、期間の制限はなく提起することができ、父に限られず、子、母なども訴えることができます。

(2) 非嫡出子　　婚姻関係のない男女から生まれた子を非嫡出子といいます。非嫡出子と母との関係は、出産の事実により明らかです。しかし非嫡出子と父との関係は、推定する事実がないため、認知という手続が必要になります。認知には、任意認知と強制認知があります。任意認知の方法は、父が届出をすることであり、強制認知は、訴えを提起して非嫡出子と父子関係を生じさせることです。認知が認められると、子の出生時にさかのぼり父子関係が生じます。従来、非嫡出子について、その相続分が嫡出子の1/2とされており、憲法の平等原則に反するのではないかということが主張されてきましたが、平成25年9月4日最高裁判所決定は、非嫡出子の相続分を嫡出子の1/2とすることは憲法違反としました。この決定を受け、同年12月に民法も改正がなされたため、子の相続分は嫡出子か非嫡出子かの区別がなくなり、子の相続分は一律に扱われるようになりました。

子が生まれた時、父母が婚姻をしていないと子は非嫡出子になりますが、非嫡出子は、父母の婚姻により嫡出子になります。これを準正といいます。準正には、子の父が婚姻前に認知をし、その父と母が婚姻をすることで、子が嫡出子になるもの（婚姻による準正）と、婚姻前に子が生まれて、その父が認知をしないまま母と婚姻し、婚姻後に認知をすることで、子が嫡出子になるもの（認知による準正）とがあります（民789条）。

２）養子縁組

(1) 普通養子

a) 成立要件　　普通養子は、連れ子との親子関係を形成する、家の財産を守るなどを目的として、利用されています。普通養子により、養子は養親との間に親子関係が形成されても、実親との関係が継続します。普通養子の成立には、①養子となる者と養親となる者の縁組意思が合致すること、②養親となる者が20歳に達した者であること（民792条）、③養親となる者にとって養子となる者が尊属または年長者でないこと（民793条）、④婚姻をしてい

る者が縁組をするとき、婚姻の相手方の同意を得ること（民796条）、⑤届出をすること（民799条・739条）などが必要です。

　未成年者を養子にする場合には、これらの要件のほか、養子となる者が15歳未満のとき、法定代理人が養子となる者の代わりに承諾をすること（代諾縁組、民797条）、養子となる者が20歳未満のときには、家庭裁判所の許可を得ること（民798条）が必要になります。また、婚姻をしている者が養親となるときは、原則として、夫婦が共同で縁組をすること（民795条本文）が必要です。

　　b）**効果**　　成立要件を満たすと、養子は縁組の日から養親の嫡出子となります（民809条）。前述の通り養子となっても、実親との親子関係は消滅しません。養子には、二重に父母がいる状態になりますが、氏は養親の氏となり（民810条）、親権も養親に服します（民818条）。また、養子は養親の血族との間に親族関係が生じますが、養親は養子の血族との間に親族関係が生じません。

　　c）**離縁**　　養子縁組は、離縁により解消することができます（民811条以下）。離縁は、養子と養親の協議が調い、届出をすれば成立します（協議離縁）。養子が未成年者で、夫婦が共同で縁組をした場合には、夫婦ともに離縁をしなくてはなりません（民811条の2）。離縁の方法として、協議離縁の他に、調停離縁、審判離縁、裁判離縁、訴訟上の和解による離縁があります。離婚と同様に、調停前置主義がとられるため、協議が調わなかった場合に調停を経ずに裁判を提起することができません。

　離縁により、養子と養親・養親との親族関係は消滅します（民729条）。養子の氏も縁組前に戻ります（民816条1項）。

（2）特別養子

　　a）**成立要件**　　特別養子は、虐待された子など家庭に恵まれない子に温かい家庭を提供して、健全に養育されることを目的として作られた制度です。特別養子縁組により、養子と養親がより強い絆で結ばれるようにするため、養子と養親との間に親子関係が形成されると、実親との関係は終了します。特別養子縁組の成立には、養子となる者が審判申立時に15歳未満であるこ

と（民817条の5）、養親となる者が夫婦であり、25歳以上であること（民817条の3、817条の4）、実父母の同意があること（民817条の6）、養親となる者が養子となる者を6か月以上にわたり試験的に監護すること（民817条の8）が必要です。これらの要件のほかに、実父母による養育が著しく困難などの事情があるか、子の利益のために必要か家庭裁判所が認めること（民817条の7、家事事件手続法39条・別表第1〔63〕）が必要です。従来は、養子となる者の年齢が6歳未満までであり、年長の子が特別養子縁組制度を利用できない、養親となる者の負担が大きいなど要件の厳格さが指摘されていました。これらの問題を解消し、特別養子縁組制度をより利用しやすくするため、2019（令和元）年に法改正がなされました。改正法では、①養子となる者の年齢を15歳未満に引き上げ、②家庭裁判所での手続きを合理化することにより、養親となる者の負担軽減を図っています。

b）効果　前述の通り、普通養子と異なり、子と実父母・その親族との関係が終了します（民817条の9）。戸籍は父母の欄に養父母の氏名が記載され、嫡出子とほぼ同じ形で記載がなされます。その他の効果は普通養子と同じです。

c）離縁　離縁は原則としてできません（民817条の10第2項）。例外的に、①養親による虐待など養子の利益を著しく害する事由があり、②実父母が相当の監護をすることができる場合において、養子の利益のために特に必要があると認められるときに、家庭裁判所が当事者または検察官の請求により離縁させることができます（民817条の10第1項）。離縁の成立により、養子は養親との関係が終了し、実親・その親族との関係が復活します。その他は普通養子と同じです。

4　扶　　　養

自力で生活ができなくなった場合、サポートが必要となります。国は、サポートを必要とする人に対して生活保護という形でサポートを行います。しかし、サポートを必要とする人に親族がいれば、その親族に扶養義務というサポートする義務が発生し、親族は国の生活保護に優先してサポートを行う

ことになります（生活保護法4条2項）。

　親族間の扶養義務は、一定範囲の親族間に発生し、その内容もどのような親族関係かによって異なります。具体的には、扶養義務には、生活保持義務と生活扶助義務という区別があります。前者は、自分と同程度の生活水準に扶養する義務であり、後者は、相手方が自活できず、自分に余力がある場合に扶養する義務です。前者は、夫婦間、親の未成熟子に対する扶養義務であり、後者は、夫婦間および親の未成熟子に対する扶養を除く、3親等内の親族間の扶養義務です。裁判例では、高齢になった親に対する成人になった子の扶養義務（広島家審平2年9月1日、新潟家審平18年11月15日など）、大学に進学して成人になった子に対する親の扶養義務（大阪高決平2年8月7日、東京地判平4年2月28日判例タイムズ796号206頁〔以下、判夕〕など）について問題となっています。

5　相　　続

　人が死亡した場合に、その人が所有していた財産は持ち主が不在になります。持ち主が不在なため、落とし物と同様に扱うべきでしょうか。おそらく持ち主が生存していれば、配偶者や子などに財産を承継させたいと望む可能性が高いと思われます。そこで民法は、持ち主が死亡した財産について、遺言のない限り、持ち主の親族に承継させるルールを定めています（法定相続）。

　相続の話を始める前に、用語の説明をします。死亡した人が被相続人、被相続人の遺した財産が相続財産、相続財産を引き継ぐ人が相続人です。

1）法定相続

（1）相続人
被相続人が生前に遺言を残さず死亡した場合に、民法により相続人（法定相続人）が誰かが決定します。法定相続人は、被相続人の配偶者と血族です（民887条以下）。相続人となる血族は、第1順位が子、第2順位が直系尊属（父母、父母がいない場合に祖父母…）、第3順位が兄弟姉妹です。この順位は、次のように考えてください。まず、被相続人に子がいれば、第1順位の子が相続人になります。しかし、被相続人に子がおらず、第2順位の直系尊属がいる場合、直系尊属が相続人になります。被相続人に子も直系

尊属もおらず、第3順位の兄弟姉妹がいる場合に、兄弟姉妹が相続人になります。なお、血族には、後述の代襲相続が生じることがあります。代襲相続も考慮して、血族に相続人がいないか検討してください。

　被相続人が婚姻しておらず配偶者がいなかった場合または先に死亡していた場合、血族のみが相続人となります。この場合も、前述のように、順位に従い相続人が決定され、例えば、子と直系尊属が共に相続人になることはありません。また、被相続人に配偶者がいて、子、直系尊属、兄弟姉妹に該当する血族がいなかった場合に、被相続人の配偶者のみが相続人になります。

　(2) 相続分　　相続分とは、各相続人に帰属する相続財産の割合を指します。相続人が単独であれば、その相続人にすべての相続財産が帰属します。相続人が複数いる場合に、各相続人に帰属する相続財産の割合は次の通りです（民900条）。まず、相続人が配偶者と子の場合、配偶者が1/2、子が1/2となります。子が複数いる場合、年長者かなどは関係なく、相続分は等しくなります（例えば、子が3人いる場合、各自の相続分は1/2 × 1/3 = 1/6です）。

　相続人が配偶者と直系尊属の場合、配偶者が2/3、直系尊属が1/3となります。直系尊属が複数いる場合には、子の場合と同様、各相続分は等しくなります（例えば、直系尊属が父と母の場合、各自の相続分は1/3 × 1/2 = 1/6です）。

　相続人が配偶者と兄弟姉妹の場合、配偶者が3/4、兄弟姉妹が1/4となります。兄弟姉妹が複数いる場合においても、子・直系尊属の場合と同様に、各相続分は等しくなります（例えば、兄弟姉妹が2人の場合、各自の相続分は1/4 × 1/2 = 1/8です）。

　(3) 代襲相続　　被相続人より前に、被相続人の相続人になる者が死亡していた場合に、相続人になる者の子が相続人になります（民887条2項）。例えば、2015（平成27）年にAが死亡し、Aの子Bが2000（平成12）年に死亡していた場合に、Bの子CがBの代わりに相続人となります。これを代襲相続といいます。代襲相続は、子と兄弟姉妹（民889条2項）にのみ認められ、配偶者と直系尊属には認められません。被相続人の子も孫も被相続人より前に死亡していた場合、ひ孫が相続人となります（再代襲、民887条3項）。この再代襲は子のみに認められます。

先ほどの例において、Bの子CはBの代わりに相続をするため、Bの相続分が1/6であった場合、Cの相続分は1/6となります。Bの子がCの他に2人いた場合には、Bの相続分について3人が等しい割合で相続します（1/6 × 1/3 = 1/18）。

2）承認・限定承認・放棄

相続財産は、貯金のような積極財産を対象としますが、借金のような消極財産も対象としているため、借金を相続した場合には、その相続人は被相続人の借金を返済しなければならないことになります。しかしながら、相続人は相続財産を承継するか否かの選択ができ、その選択肢として、相続の承認、限定承認、放棄相続があります。これは相続財産に消極財産がある場合に限られず、相続人はこのような選択をすることができます。

(1) 単純承認　単純承認とは、相続財産の承継を選択することです（民920条）。相続財産に借金が含まれていた場合には、借金も相続することになります。単純承認をするために特別な方法はなく、一定期間の経過により、単純承認をしたとみなされます。ただし、①相続財産の全部または一部の処分、②限定承認または相続放棄後に相続財産の全部または一部を隠し、消費するなどした場合には、単純承認をしたものとみなされます（民921条）。

(2) 限定承認　限定承認は積極財産も消極財産も相続しますが、消極財産については積極財産の範囲で責任を負うものです（民922条）。例えば、相続財産が借金500万円、貯金400万円であり、限定承認をした場合、相続人は借金500万円、貯金400万円を相続しますが、相続人が弁済する責任のある消極財産（借金）は積極財産で支払うことのできる400万円に限られ、残りの100万円について、相続人個人の財産から支払う必要はありません。他方で、相続財産が借金400万円、貯金500万円であり、限定承認した場合には、相続人は借金400万円、貯金500万円を相続し、100万円の貯金が残りますが、この100万円の貯金については相続することができます。

限定承認の手続は、後述する相続放棄の手続と同じです（民924条）。特に、相続財産に消極財産が多いのか、積極財産が多いのかわからない場合に、利用すべきなのが限定承認であると考えられます。しかし、相続人全員で手続

を行う必要があること（民923条）などから、あまり利用されていません。

　(3)　**相続放棄**　　相続放棄により、はじめから相続人でないものとみなされ（民939条）、相続財産を一切承継しなくなります。相続放棄の手続は、自己のために相続があったことを知った時から3か月以内に（民915条）、家庭裁判所に申述をしなければなりません（民938条）。この3か月という期間は、家庭裁判所に請求することによって伸長することができます（民915条）。

3）遺 産 分 割

　相続人が単独であれば、その相続人が相続財産すべてを承継します。しかし、相続人が複数の場合に、相続財産を分配することが必要になります（遺産分割）。遺産分割では、被相続人の遺した財産を後述する特別受益や、寄与分を考慮した財産をみなし相続財産として、相続分に従い相続人の間で分配します。

　遺産分割は協議で行います（民907条1項）。協議が調わない場合に、家庭裁判所で調停を行います（家事244条・274条）。調停が成立しなかった場合、審判が行われます（民907条2項）。協議による場合も、調停による場合も、相続人全員により行わなければなりません。遺産分割が1人を除いて行われた場合、無効となります。

　(1)　**特別受益**　　相続人が被相続人から遺言により建物を譲り受けた（遺贈）、被相続人が生前に婚姻・養子縁組のために土地の贈与をした、事業資金などのために金銭などの贈与をしたなどの場合には、相続財産にその遺贈または贈与による財産の価格を加算したものをみなし相続財産として、遺産分割を行います。特別受益を受けた相続人の相続分は、みなし相続財産×60頁で説明した相続分−特別受益になります（民903条）。

　(2)　**寄与分**　　相続人が被相続人の事業に労働を提供した、財産を贈与した、被相続人の療養看護をした、または事業以外の理由で財産の贈与などの行為（寄与行為）を行った場合に、その行為について一定の計算方法で算定したものを寄与分といいます。例えば、相続人の一人が仕事を辞め、介護が必要な状況にある被相続人を無償で介護してきた場合、被相続人の財産から寄与分を除いたものをみなし相続財産として、相続人の間で分割を行いま

す。寄与行為を行った相続人の相続分は、みなし相続財産×60頁で説明した相続分＋寄与分になります（民904条の2）。

　なお、寄与分として認められる行為は、相続人の行為に限られていました。例えば、相続人の妻が被相続人を介護していた場合であっても、相続人の妻は相続人ではないため相続財産を取得することはできませんでした。2018年の法改正により、被相続人に対し療養看護を行った被相続人の親族で、相続人でない者について、相続財産を相続人に請求できるようになり、先ほどの例で示した介護をした相続人の妻にも相続財産を取得する道が開かれました（特別の寄与の制度、民1050条）。

　(3) 配偶者居住権　　例えば、Xが死亡し、その遺産がXとその妻が長年住んでいた自宅（3000万円）、貯金（3000万円）であり、Xの相続人が妻、子だった場合に、皆さんならば、どのように遺産分割しますか？　妻と子の相続分は、1：1（3000万円：3000万円）です。妻が自宅に長年住んでいたこと、今後の住居を確保することを考えると、妻に自宅、子に貯金を取得させるのがベストとも考えられます。しかしながら、このような分割をすれば妻は貯金を一銭ももらえなくなり、今後の生活を考えると貯金を少しでも取得させたいところです。2018年の改正法により、被相続人が所有していた家に配偶者が住んでいた場合に、被相続人の死亡後も配偶者が家に無償で住み続けることを可能にする制度が導入されました（民1028条以下）。上の例では、Xの自宅を配偶者居住権（1500万円）、負担付き所有権（1500万円）として、Xの妻に配偶者居住権、Xの子に負担付き所有権を取得させることで、Xの妻が自宅に無償で住み続けられるようになり、さらに貯金も1500万円取得できるようになります。

　(4) 預貯金の払戻し　　預貯金が相続財産に含まれているとき、相続人が複数いれば、遺産分割をするまで払い戻しができません（最大決平成28年12月19日）。しかし、葬式代がない、生活費がないなどの理由から預貯金の払戻しが必要な場合も考えられます。2018年改正法は、遺産分割をしなくても、各相続人が預貯金の一部を払い戻すことができるとしています（預貯金の払戻し制度、民909条の2）。

4）遺　　言

　遺言がない場合には、法律により相続人と相続分が決定されます。しかし、遺言を作成すれば、遺言者の意思によって、財産を承継する人など財産の処分方法を自由に決定することができます。ただし、その自由な処分は、一定の場合に、法律による制限を受けます。遺言は、他者による変造などを避けるため、その方式は、原則として厳格なものとなっています。遺言の方式は、平穏な状況で遺言を作成する場合に行うべき方式となる普通方式と、緊急的な場合や病気などで隔離されている場合などに認められる特別方式に大別されます。これらの方式以外の方法で遺言を作成しても、その遺言は、法律上、遺言として認められません（民960条）。普通方式の遺言には、自筆証書遺言、秘密証書遺言、公正証書遺言がありますが、自筆証書遺言と秘密証書遺言については、遺言者の死亡後、遺言の形式等を確認し、遺言の変造防止・保存をするため検認という手続が必要になります（民1004条1項2項）。ただし、自筆証書遺言については、後述のように検認が必要ない場合があります。

(1) 普通方式の遺言

　a) 自筆証書遺言　　自筆証書遺言は、遺言を作成する者（遺言者）が、その全文、日付および氏名を自筆で書き、押印することが必要です。したがって、氏名のみ自筆にして、他をパソコンなどで作成する場合、遺言は無効となります（民968条）。全文に添付する財産目録が自筆でなかった場合に、遺言を無効としていましたが（東京高判昭59年3月22日判例時報1115号103頁〔以下、判時〕）、2018年の法改正では、遺言を利用しやすいものにするため、遺産目録については、パソコン等で作成することも可能にするとしています（民968条2項）。また、自筆証書遺言を相続人が見つけられない、内容を変えられるなどの問題もあったことから、法務局において遺言書を保管する制度も設けられました（自筆証書遺言書保管制度、法務局における遺言書の保管等に関する法律）。この制度により遺言書が保管された場合、検認は必要なくなります。

　b) 秘密証書遺言　　秘密証書遺言は、①遺言者が遺言書に署名・押印をし、②①を封筒に入れて、遺言書で用いた印章で封印して、③遺言者が公証人1人と証人2人以上に封書を提出し、この封筒に入っている遺言書が自己

の遺言書である旨ならびにその筆者の氏名・住所を申述して、④公証人が、その遺言の提出日・遺言者の申述内容を封筒に記載した後、遺言者・証人が封筒に署名・押印することが必要になります（民970条）。判例では、③の筆者の氏名・住所を申述しなかった事案において、遺言が無効とされています（最判平14年9月24日）。

 c）公正証書遺言 公正証書遺言は、①証人2人以上の立会いがあり、②遺言者が遺言の趣旨を公証人に口授し、③公証人が遺言者の口授を筆記し、これを遺言者・証人に読み聞かせ、または閲覧させ、④遺言者・証人が、筆記の正確なことを承認した後、各自が遺言書に署名・押印して、⑤公証人が遺言書を法律に従って作成したものである旨を付記し、公証人がその遺言書に署名・押印することが必要です（民969条）。

 (2) 特別方式の遺言 船舶が遭難したときに、遺言を作成する場合のように、緊急的な状況などで作成することが特別に認められる遺言です。普通遺言に比べて、要件が緩和されています。特別法式の遺言には、緊急的な状況で作成する遺言として、死亡の危急に迫った者の遺言（民976条）、船舶遭難者の遺言（民979条）があり、隔離された状況で作成する遺言として、伝染病隔離者の遺言（民977条）、在船者の遺言（民978条）があります。

5）遺 留 分

 被相続人は、遺言によって、自己の財産を自由に処分することができます。したがって、被相続人が自分の全財産を家族以外の人に遺贈することも可能です。しかし、被相続人の家族がこれから生活する上で一定の財産が必要となるとも考えられます。民法は、相続人に対し相続財産の一部（遺留分）の取戻しを認めています（遺留分侵害額請求権、1046条）。このような取戻しの請求ができるのは、兄弟姉妹を除く法定相続人です（相続人の順位と同様、子がいる場合、直系尊属は請求できません）。この請求は、裁判所での手続を必要とせず、遺贈された者に対して直接、請求することができます。直系尊属のみが請求できる場合、相続財産全体の1/3、それ以外は相続財産全体の1/2の割合を請求することができます（民1042条）。

6）相続人不存在・特別縁故者

相続人の存在が明らかでないことがあります。この場合に、家庭裁判所が相続財産管理人を選任し、その旨の公告をします（民952条）。公告から2か月以内に相続人の存在が明らかにならなかった場合、相続財産管理人は、相続債権者および受遺者に対し、2か月以上の期間を設けて、その期間内に請求の申出をするよう公告します（民957条）。この期間の満了後、それでもなお相続人の存在が明らかでないとき、6か月以上の期間を設けて、相続人があるならば権利を主張すべき旨の公告をします（民958条）。

この期間に相続人が判明しなかった場合、被相続人と特別の縁故関係のあった者（特別縁故者）がいれば、その者に相続財産が分与されます（民958条の3）。しかし、相続財産が分与されないまたは分与されたが相続財産の余りがある場合、相続財産は国庫に帰属します（民959条）。

裁判例では、特別縁故者として、被相続人と生計を同じくしていた者（例えば、婚姻届は出していないが、夫婦同様に生活していた者など）、被相続人の療養看護に努めた者（例えば、頻繁に病院に訪れ被相続人の世話をしていた者など）、その他、被相続人が晩年過ごした施設、被相続人の死後に墓の管理をする寺などに対して、相続財産の全部または一部の分与が認められています。特別縁故者の財産分与には、一定期間内に特別縁故者として相続財産の分与を請求する者が申出をすることが必要です。

■発展課題

1　AとBは婚姻5年目の夫婦です。2人の間に子はいません。Aは婚姻により仕事をやめて、婚姻中は家事をすべて負担していました。Bが会社の同僚と浮気をし、Aに対して離婚を求めています。Aは離婚後の生活を考えて、婚姻の継続を求めています。Bが調停を申し立てましたが、調停も調わず、Bは裁判を提起しました。Bの請求は認められるべきでしょうか。

2　Aが死亡し、Aの相続人は姉Bと兄Cになりました。AはBやCと連絡をとらず生活をしていたため、Aの家の証書などをみると、借金もしているようですが、貯金もあったようです。BもCもAの借金を支払う余裕がなく、

BとCにマイナスが生じない結果にしたいと考えています。どのような手続をとるべきでしょうか。

3　Aは、すべての財産を弟Xに遺贈する旨の遺書をのこし、死亡しました。Aの家族には、妻B、子C、D、父E、母Fがいます。CとDは小学生で、これからの学費を考えると、BはAの相続財産の一部を取り戻したいと考えています。可能でしょうか。

■**参考文献**

岡部喜代子『親族法への誘い〔第2版〕』八千代出版、2003年

岡部喜代子『相続法への誘い〔第2版〕』八千代出版、2001年

二宮周平『家族法〔第5版〕』新世社、2019年

高橋朋子・床谷文雄・棚村政行『民法7　親族・相続〔第6版〕』有斐閣アルマ、2020年

4章

消費生活と法

1　消費者トラブルと法

　私たちは、物を買ったり、エステなどのサービスを受けたりして、毎日を過ごしています。例えば、化粧品を買う場合に、その化粧品が自分の肌に合うのか、値段は適切かなど十分考えて「買う」という決断をすれば、欲しくないものを買ったなどのトラブルはほとんど生じないといえるでしょう。しかし、しつこく勧誘された場合など不本意に物を買ってしまうようなトラブルが生じたときに、私たちはどのような救済方法をとることができるでしょうか。このようなトラブルに対応する法として、様々な法がありますが、本章では、特に、消費者契約法、特定商取引に関する法律（以下、特定商取引法〔特商法〕といいます）、割賦販売法（割販法）について、各法律が対象とするトラブルを中心に説明をします。

2　消費者契約とは

　消費者が物を購入したり、エステなどのサービスを受ける場合に、消費者は物を販売し又はサービスを提供する事業者との間に契約を締結します。このように、物を販売しまたはサービスを提供する事業者と消費者との間で締結する契約を消費者契約といいます（消費者契約法2条3項、以下、消契法）。契約は、もともと、契約を締結する当事者の関係が対等で公平であり、契約内容も双方の交渉で決定できることを前提としています。しかしながら、消費者契約においては、事業者の側に交渉力があり、商品やサービスについての情報量も多いため、情報量や交渉力の点で対等・公平とはいえない状況があ

ります。このような状況のもとで契約が締結されると、消費者は十分に情報を得られないまま、不本意な契約を締結するおそれがあり、消費者と事業者との間で締結される契約には、消費者の利益を擁護することが必要です。

　消費者の利益を擁護する法律の一つとして、消費者契約法があります。消費者契約法は、消費者と事業者との間にある交渉力の格差を問題とし、消費者の権利を擁護することを目的として、消費者に一定の権利を認めた法律です。消費者契約法の内容は、不当な勧誘の取消、不当な契約条項の無効などになります。本章では、この2つについて説明しますが、消費者契約法は、内閣総理大臣から認定された適格消費者団体（この団体に認められるには、主たる目的として不特定・多数の消費者の利益の擁護を図るための活動を行い、その活動を相当期間にわたり継続して適正に行っていることなどの要件を満たすことが必要となります）が事業者に対して不当な行為をしないよう請求できる制度（これを消費者団体訴訟制度といいます）についても認めています。

3　不当な勧誘

　事業者は、商品を販売する際、商品を過大に宣伝したり、執拗に勧誘を繰り返すことがあります。このような事業者の不当な勧誘を受けて、消費者が勧誘された内容を事実と誤認または勧誘のしつこさに困惑するなどして契約を締結してしまった場合に、消費者はその契約を取り消すことができます。具体的に、消費者が契約を取り消すことができる場合とは、次の場合に限られます。

1）取消事由

　(1)　**不実告知**　　不実告知とは、事業者が契約の重要な事項について事実と異なることを告げることであり、消費者がその事実を真実と誤認した場合です（消契法4条1項1号）。例として、事業者がメーターを4万キロから1万キロに巻き戻して中古車を販売し、消費者が1万キロ走行した車と誤認して車の購入契約をした場合が挙げられます。

　(2)　**断定的判断の提供**　　断定的判断の提供とは、事業者が将来、利益を得るか否か判断することが難しいにもかかわらず、必ず儲かるなどと告げ

て、消費者がその内容を確実であると誤認して契約をした場合です（消契法4条1項2号）。例として、事業者から○○社の株が必ず確実に値上がりすると言われて、消費者がその言葉を信じ株を購入する場合が挙げられます。

(3) 不利益事実の不告知　　不利益事実の不告知とは、事業者が契約の重要な事項について消費者の利益になることを告げて不利益な事実を知りながら告げなかったり、著しく注意が欠けていたことにより告げなかったりしたために、消費者が不利益な事実を存在しないと誤認したまま契約を締結することです（消契法4条2項）。例として、不動産業者がAマンションを日当たりのよい物件であるとのみ宣伝し、1年後にBマンションの建築によりAマンションの日照が悪くなることを告げなかったため、消費者がBマンションの建築によりAマンションの日照が悪くなることを知らないままAマンションを購入する場合が挙げられます。

(4) 不退去　　不退去とは、事業者が消費者の住居または職場で勧誘する際に、消費者が帰ってほしい旨の意思を示しているにもかかわらず、事業者が帰らず、消費者が困惑して契約を締結した場合です（消契法4条3項1号）。この場合に、消費者は帰ってほしい旨の意思を示すことが必要となりますが、「帰ってください」と告げた場合に限らず、身振りなどで帰ってほしい旨の意思を表示しても、その意思を示したことになります。例として、布団の販売をする訪問販売員が消費者の自宅を訪問し、消費者が必要ないといっているのを無視して長時間居座り勧誘を続けたため、消費者が困って布団の購入契約をした場合が挙げられます。

(5) 退去妨害　　退去妨害とは、事業者が勧誘する場所から消費者が帰りたい旨の意思を示しているにもかかわらず、事業者が帰らせず、消費者が困惑して契約を締結した場合です（消契法4条3項2号）。消費者が帰りたい旨の意思を示すことが必要となりますが、(4)の不退去と同様に、「帰りたい」といった場合に限らず、身振りなどで帰りたい旨の意思を表示すれば、その意思を示したことになります。例として、着物の展示会において、消費者が着物を買わないと告げたにもかかわらず、従業員が消費者を引き止めて勧誘したため、消費者が困って着物の購入契約を締結した場合が挙げられます。

（6）**過量契約**　　過量契約とは、事業者が消費者にとって通常の分量等を著しく超えると知りながら商品等の購入を勧め、それにより消費者が商品等を購入した場合です（消契法4条4項）。例として、一人暮らしをする高齢者に対し、布団を4セット売る場合が挙げられます。認知症などにより判断力の低下した消費者をターゲットにして、その者にとって不必要と考えられる商品を大量購入させるトラブルが多発したことから、2016（平成28）年の法改正により過量契約の取消しが認められるようになりました。

（7）**不安をあおる告知**　　不安をあおる告知（消契法4条3項3号）とは、タレントになりたい、就職したい、痩せたいなどの願望があり、その願望の実現に通常よりも不安をいだく消費者に対し、このままでは実現されないと不安をあおり、セミナーを受講すべきなどと契約を締結させるような場合です。対象となる消費者は、社会生活上の経験が乏しく、それゆえ願望の実現に不安をいだいている人です。社会生活上の経験が乏しい人について、経験より判断するため、若年層のみならず、中高年も対象になりえます。

（8）**好意の感情の不当な利用**　　好意の感情の不当な利用（消契法4条3項4号）とは、例えば、マッチングアプリで出会い、いい感じになった女性から宝石展示場に誘われ、「買ってくれないと関係を続けられない」といわれてネックレスを買ってしまうような場合です。社会生活上の経験が乏しい消費者に対し、互いに恋愛感情などの好意があると信じさせ、契約しないと別れるといえば、消費者は買いたくないものも買おうと考えて契約してしまうでしょう。このように消費者の感情を不当に利用して、望まない物を購入させてしまう契約は、取り消すことができます。

（9）**判断力の低下の不当な利用**　　判断力の低下の不当な利用（消契法4条3項5号）とは、例えば、物忘れが多くなった高齢者に対し、「このサプリを飲めば物忘れの進行を止められるが、飲まないとひどいことになる」といい、サプリを買わせるような場合を指します。対象となる消費者は、加齢またはうつ病、認知症などの心身の故障によって契約する際の判断力が著しく低下していることにより、生活や健康を維持できるか不安になっている消費者です。このような状況にある消費者に対し、定期収入がなくなるので投資

をしないと現在の生活を維持できないなどといって不安をあおり、必要のない商品やサービスに関する契約を締結させる場合、その契約は取り消すことができます。

(10) 霊感等による知見を用いた告知　　霊感等による知見を用いた告知（消契法4条3項6号）とは、例えば、道で「肩が重くありませんか？」と話しかけてきて、「あなたには悪霊がついています。この数珠を身につければ、肩は痛くなくなります」といい、数珠を買わせるような場合を指します。霊感や超能力などの見地から、病気が悪化する、さらに不幸になるなど、消費者に重大な不利益が及ぶと不安をあおり、望まない契約を締結させられたとしてもその契約は取り消すことができます。

(11) 契約締結前に債務の内容を実施等　　例えば、網戸などを修理する業者に価格を尋ねたところ、業者が自宅の網戸に合わせて網を切ってしまったため、仕方がなく契約を締結した場合のように、契約を締結する前の段階で、契約内容の一部を実施し、契約締結に至らせるような場合、契約を取り消すことができます（消契法4条3項7号）。また、業者に家のリフォームについて問い合わせをしたところ、その業者がリフォームに必要な資材を勝手に購入し、契約しないなら資材の代金を支払えと言って契約の勧誘をしてきた場合のように、業者が契約締結に向けた活動をし、その活動により生じた損失の補償を請求したことから、消費者が困惑して締結してしまった契約も取り消すことができます（消契法4条3項8号）。

2）取消権行使の効果・期間

消費者が契約を取り消した場合に、事業者および消費者はすでに受け取ったものを互いに返還することが必要になります（民法121条の2第1項、以下、民）。消費者が商品等を使用した場合であっても、商品の給付された時に消費者が契約を取り消せることを知らなかったときには、消費者は使用した商品をそのまま返還すればよく、使用した部分の価格を支払う必要はありません（消契法6条の2）。

消費者が契約を取り消すことのできる期間は、追認できる時から1年、契約締結時から5年に限られ（消契法7条1項）、その期間を経過すると、時効

により契約を取り消すことができなくなります。

4　不当な契約条項

　消費者が商品購入や、スポーツクラブの入会等をする場合、消費者は事業者との間で契約を締結します。その契約に「当スポーツクラブで発生した損害について、一切の責任を負わない」との条項が置かれていた場合に、消費者は、スポーツクラブで怪我をして損害を被ったとしても、スポーツクラブに対して損害を償うよう請求できないのでしょうか。消費者の怪我が消費者自身の責任によるものであれば、そのような請求はできないと考えるべきでしょう。しかし、スポーツクラブが安全管理を十分行わなかったために、消費者が怪我をしたのであれば、スポーツクラブが損害の責任を全く負わないというのは問題と考えられます。

　この例のように事業者と消費者との間に締結された契約に不当な内容の条項（不当条項）が含まれていた場合に、その条項は無効とされます。その条項が無効とされた場合、消費者はその不当な条項に従う必要がなくなります。他の法律に従って権利を主張し、不当な請求をされても拒絶することができます。

　具体的に、不当条項とされるのは、以下の条項になります。

1）事業者の損害賠償の責任を免除する条項

　エステで火傷をした場合など、消費者はエステ業者に対して損害賠償を請求することができます。しかし、上で説明したように、事業者は消費者と締結した契約書の中に損害賠償請求を回避する旨の条項を置くことがあります。

　事業者の損害賠償責任がすべて免除される条項が契約書にあったとしても、その条項は無効です（消契法8条1項1号3号）。また、事業者の故意（結果が生じることを知っている）または重過失（著しい不注意）がある場合に、「損害賠償額を○○万円までとする」との条項など、事業者の損害賠償責任を一部免除させる条項も無効です（消契法8条1項2号4号）。さらに、2018年の改正により、「弊社が過失を認める場合に限り、損害賠償を負います。」などとして、事業者が責任の有無や限度を決定する条項も無効となりました（消契法8条1項）。

2）消費者の解除権を放棄させる条項

　商品の一部が故障していた場合や、事業者が契約したサービスの内容を実現しなかった場合に、消費者は契約を解除し、支払った代金の返還等を請求することができます（民541条・542条・564条）。しかし、事業者は、消費者と締結する契約書の中に消費者の解除権を放棄させる旨の条項を置き、消費者が契約解除をできないようにしようとすることがあります。例えば、携帯電話の売買契約において「契約後のキャンセル・返品等は一切できません」という条項や、進学塾の冬期講習受講契約において、代金払込後の解除を一切許さない旨の特約などが挙げられます（消費者庁HP「消費者契約法の一部を改正する法律一問一答」〔http://www.caa.go.jp/old_index.html〕より）。

　消費者が解除権を放棄すれば、消費者は、商品が引き渡されないにもかかわらず商品の購入代金が返還されない、引き渡された商品が故障していたにもかかわらず事業者に商品購入代金を支払わなければならないなど、事業者と消費者との間に不公平が生じ、消費者は不利益を被ることになります。2016（平成28）年の法改正により、消費者の解除権を放棄させる条項が契約書に置かれていたとしても、その条項は無効とされるようになったため、消費者は契約を解除することができるようになりました（消契法8条の2）。また、2018年の改正により「当社が過失を認める場合に限り、キャンセルを認めます」などとして、事業者が責任の有無を決定する条項も、無効となりました（消契法8条の2）。

3）後見等の利用によりキャンセルされる条項

　成年後見制度は、消費者の判断力の低下により財産管理や契約のサポートをしてもらう制度です。消費者が成年後見制度を利用したとしても、成年後見を利用していない人と等しく生活を保障されるべきです（成年後見制度の利用の促進に関する法律3条1項）。消費者が成年後見制度を利用したことのみを理由として、家の賃貸借契約を解除したり、サービスの提供に関する契約を解除する条項は無効となります（消契法8条の3）。

4）消費者の損害賠償額を予定する条項

　レストランでパーティの予約をキャンセルした場合に、そのレストランが

キャンセル料や違約金などを請求することがあります。キャンセル料など自体は、キャンセルによって実際にお店に発生した損害（無駄になった材料など）を償うものであり、事業者が契約書の中に想定される賠償額としてキャンセル料などの支払いに関する条項を置き、その条項に従いキャンセル料などを請求すること自体に問題はありません。しかし、キャンセル料などが平均的なものに比べて高額であった場合には、平均的な金額を超える部分が無効となります（消契法9条1号）。例えば、レストランが契約書にキャンセル料を50万円としていても、キャンセル料の平均的な額が40万円であった場合には、10万円の部分が無効となり、消費者が支払うべきキャンセル料は、40万円のみとなります。

　また、消費者が代金を遅れて支払った場合に、事業者は遅延賠償と呼ばれる損害賠償を請求する旨の条項を契約書に置くことがあります。このこと自体に問題はありませんが、その遅延賠償の額が年利14.6％を超えていた場合には、年利14.6％を超えた部分が無効とされます（消契法9条2号）。

5）消費者の利益を一方的に害する条項

　以上の1）から4）で説明した不当な条項のほかに、消費者にとって不当な条項も存在します。このような不当な条項について、消費者契約法は、①一般的な消費者契約の条項や民法等に定められる権利に比べて消費者の権利を制限または消費者の義務をより重く課し、②民法の信義誠実の原則（民1条2項）に反する条項について、無効としています（消契法10条）。

5　トラブルの多い取引と救済方法

　消費者トラブルになることの多い取引として、訪問販売、電話勧誘販売などがあります。このように消費者トラブルが多く生じている取引を規制する法として、特定商取引法があります。この法律は、対象とする取引について行政による規制や民事ルールを定めています。この法律は、もともと、3つの取引（訪問販売、電話勧誘販売および連鎖販売取引）を規制する訪問販売等に関する法律（1976年〔昭和51〕）という名称の法律でした。しかし、消費者トラブルの増加に対応するため規制対象を拡大し、2000（平成12）年に現在の名

称に変更されました。

　特定商取引法の目的は、特定商取引を公正にし消費者の損害を防止して、消費者の利益保護と商品等の流通・役務提供を適正・円滑にすることで、国民経済の健全な発展へ寄与することとされています。

1）救済方法

　特定商取引法は、78頁以下の**2）**において説明する訪問販売、通信販売、電話勧誘販売、連鎖販売取引、特定継続的役務提供、業務提供誘引販売取引、訪問購入、ネガティブオプションを対象とし、これらに生じるトラブルについていくつかの救済方法を認めています。

（1）クーリング・オフ

　a）クーリング・オフとは　　クーリング・オフとは、消費者が、一定期間内であれば、無条件で契約をなかったことにできる制度です。

　クーリング・オフは、特定商取引法が対象とする取引で、通信販売を除く取引において認められます。クーリング・オフは、特定商取引のほかにも、割賦販売法、宅地建物取引業法などの法律において認められています。

　また、特定商取引法においてクーリング・オフが認められる取引であっても、クーリング・オフができない場合があります。例えば、訪問販売および電話勧誘販売について、政令で指定された消耗品（特定商取引に関する法律施行令6条の4・別表第3、以下、特商令）を使用した場合（特商法26条5項1号、ただし、交付した書面で使用によりクーリング・オフができなくなる旨を明記していない、または事業者が自ら消耗品を使用・消費した場合には、消耗品を使用したときであっても、クーリング・オフをすることができます）、3000円未満の現金支払による取引をした場合（特商法26条5項3号、特商令7条）、自動車を購入した場合（特商法26条4項1号、特商令6条の2）など、クーリング・オフはできません。

　クーリング・オフができる期間は、訪問販売、電話勧誘販売、特定継続的役務提供、訪問購入では、8日間（特商法9条1項・24条1項・48条1項・58条の14第1項）、連鎖販売取引、業務提供誘引販売取引では、20日間です（特商法40条1項・58条1項、期間の計算方法は、本章コラムを参照してください）。

　クーリング・オフの行使方法は、書面によるとされています（特商法9条1

クーリング・オフ期間

　クーリング・オフの期間は、基本的に8日間です。1日目は、契約書面を受け取った日です。業者によっては、契約書面に先立ち申込書面を交付する場合があります。この場合に、訪問販売、電話勧誘販売、訪問購入の取引では、申込書面が交付された日を1日目と数えます（特商法9条1項・24条1項・58条の14第1項）。特定継続的役務提供、連鎖販売取引、業務提供誘引販売取引については、申込書面を受け取ったとしても、契約書面を受け取った日を1日目と数えます（特商法40条1項・48条1項・58条1項）。連鎖販売取引においては、契約締結日から時間が経過して商品を送付する場合があります。この場合には、商品が送付された日を1日目と数えます（特商法40条1項）。

　最終日までに消費者がクーリング・オフの書面を郵送すればよく（特商法9条2項・24条2項・40条2項・48条3項・58条2項・58条の14第2項）、最終日までに事業者が書面を受け取らなければならないということではありません。

　事業者が契約書面等を交付しなければ、いつまでもクーリング・オフすることが可能になります。契約書面には法律で記載しなければならないとされる事項がありますが、それらの事項が書いていない、クーリング・オフができないなどと書かれている場合にも、事業者があらためて不備・虚偽のない契約書面を交付しない限り、いつまでもクーリング・オフすることが可能になります。この場合において、事業者があらためて不備・虚偽のない契約書面を交付すれば、その日を1日目と数えます。

項・24条1項・48条1項・58条の14第1項）。つまり、クーリング・オフする旨を書面にて事業者に伝える必要があります。具体的には、クーリング・オフする旨をハガキ等に記載し、そのハガキ等をコピーし、簡易書留などで郵送します。ハガキの書き方については、国民生活センターや各自治体の消費生活センターのHPに紹介されています。参考にしてください。口頭で事業者にクーリング・オフを伝えた場合であっても、クーリング・オフの行使を認める裁判例（福岡高判平6年8月31日判時1530号64頁）もあります。しかし、証拠という観点から書面によりクーリング・オフを行使する方法が確実です。

b) クーリング・オフの効果　　クーリング・オフをした場合に、事業者と消費者の間で締結された契約は存在しなかったことになり、契約がなかった時の状態に戻すことになります。そのため、消費者が事業者に対して代金を支払っていた場合に、事業者は消費者に対してその代金を返還し、事業者が消費者に対し商品を引き渡していた場合には、消費者は事業者に対しその商品を返還しなければなりません（民545条1項）。なお、消費者が事業者に商品を返還するために要する費用は事業者が負担し、消費者が支払う必要はありません。

c) 支払いを後払いにした場合　　クレジットカードを利用して代金を後払いにすることが頻繁に行われるようになりましたが、クレジットカードを利用せず商品を購入するたびに信販会社（以下、クレジット業者といいます）と契約を締結して、代金を分割・後払いで支払う方式も頻繁に利用されています。このようにクレジットカードを利用せずクレジット業者を介して商品を購入するものを個別クレジットといいます（割賦販売法2条4項、以下、割販法）。特にカードを所持していないまたはカードの所持を避ける人にとって利用しやすい支払方法といえますが、個別クレジットをめぐるトラブルも多く生じています。

　個別クレジットを利用して商品を購入した場合、消費者、商品を販売した事業者およびクレジット業者の関係は、消費者と事業者との契約（商品購入契約）、消費者とクレジット業者との契約（個別クレジット契約）、事業者とクレジット業者との契約（加盟店契約）の3つの独立した契約から成り立ちます。消費者が商品購入契約をクーリング・オフしたとしても、個別クレジット契約はクーリング・オフされず契約が継続し、消費者はクレジット業者に対して代金を支払い続けなければなりません。しかし、消費者が商品購入契約をクーリング・オフし、さらに個別クレジット契約についてもクーリング・オフをすれば、クレジット業者に対する支払いも免れ、支払った代金も返還されます。

　個別クレジット契約をクーリング・オフできるのは、特定商取引法によりクーリング・オフのできる取引のうち、訪問販売、電話勧誘販売、連鎖販売

取引、特定継続的役務提供、業務提供誘引販売取引です（割販法35条の3の10・35条の3の11）。クーリング・オフを行使できる日数は、a）で説明した日数と同じです（割販法35条の3の10・35条の3の11第1項2号・35条の3の11第1項1号3号）。クーリング・オフの行使方法もa）で説明した方法と同じであり、クレジット業者に対してもクーリング・オフする旨を書面にて伝えることが必要です（割販法35条の3の10第1項・35条の3の11第1項）。

（2）過量販売

a）過量販売とは 　例えば、セールスマンが自宅に来て賞味期限が1年の健康食品を3年分購入させる場合のように、日常生活において、通常必要とされる分量を著しく超える商品・権利を提供する契約を過量販売といいます。過量販売となる契約が締結された場合、消費者はその契約を解除できます（特商法9条の2・24条の2）。69頁で説明した過量契約と内容はほぼ同じです。69頁の過量契約はどのような取引形態であったかを問題としていませんが、ここで説明する過量販売は取引形態が訪問販売と電話勧誘販売であることが必要です。

b）過量販売と救済 　消費者は、契約締結時から1年以内であれば、申込の撤回または契約を解除することができます（特商法9条の2第2項・24条の2第2項）。過量販売契約を解除した場合の効果はクーリング・オフと同じです（特商法9条の2第3項・24条の2第3項）。消費者が商品を受け取っていれば、事業者に対して商品を返還します。商品の返還にかかる費用は、事業者が負担し、消費者は支払う必要はありません。消費者が事業者に代金を支払っていた場合、事業者は消費者に対して代金を返還することが必要です。

c）クレジットを利用した場合 　過量販売は高齢者がターゲットとされることが多く、所持金やカードなどのない場合に、クレジット業者と個別クレジット契約（75頁を参照してください）を締結し代金の支払いを分割・後払いにして、商品を購入させるトラブルが多発しました。

　このように個別クレジットを利用した支払方法で商品を購入し、過量販売を理由に契約を解除した場合、クレジット業者との契約も過量販売を理由に解除することができます（割販法35条の3の12）。クレジット業者との契約を

解除した場合、消費者がすでに支払った代金は返還され、未払金の支払いからも解放されます。

(3) クーリング・オフ経過後の解約（中途解約権）　エステや学習塾などの契約は、通常、施術や授業を数回にわたって受けることを内容としています。施術や授業を2、3回受けた結果、契約を解約して、残る回の施術や授業を受けたくないと思っても、通常、クーリング・オフ期間を経過し、クーリング・オフができないということも想定されます。しかし、特定商取引法は、後述する連鎖販売取引と特定継続的役務提供販売について、契約の途中で、理由なく、契約を将来に向かって解約することを認めています（特商法40条の2第1項・49条1項）。これを中途解約といい、中途解約が認められると、消費者は残る回の施術などを受けず、残る回の代金の返還を請求できます。なお、事業者は、消費者に対して損害賠償等の請求をすることができますが、損害賠償等の額は制限されます（特商法40条の2第3項第4項・49条2項、特商令15条・別表第4）。また、契約に中途解約を認めないなどの規定が設定されていたとしても、その規定は無効であり（特商法40条の2第6項・49条7項）、中途解約をすることが可能です。

(4) 不実告知・故意の事実不告知による取消権

a) 不実告知・故意の事実不告知とは　　不実告知の意味は、68頁で説明した不実告知とほぼ同じです。故意の事実不告知は、69頁で説明した不利益事実の不告知と異なり、利益となる事実を告げることを必要としておらず、不利な事実を告げないことのみで取消ができます。例えば、事業者が商品の性能などについて事実と異なることを告げた場合や、消費者に不利な事実を知りながらその事実を告げず、消費者が誤認したまま契約の締結をした場合、その契約を取り消すことができます。この取消権は、特定商取引が対象とする取引のうち、通信販売と訪問購入を除く、訪問販売、電話勧誘販売、連鎖販売取引、特定継続的役務提供販売、業務提供誘引販売取引に認められます（特商法9条の3・24条の3・40条の3・49条の2・58条の2）。この取消権は、消費者が誤認に気づいた時から1年間または契約締結時から5年間で主張できなくなります（特商法9条の3第4項・24条の3第2項・40条の3第2項・49条の2第

2項・58条の2第2項)。

　消費者と事業者はすでに受け取った商品や代金を返還しなければなりません（民121条の2第1項）。消費者が受け取った商品を消費してしまった場合、消費者が商品受取時に不実告知や故意による事実不告知のあったことを知らなければ、消費した部分について代金などの支払いをせず、残ったもののみを返還すればよいとされています（特商法9条の3第5項・24条の3第2項・40条の3第2項・49条の2第2項・58条の2第2項）。

　b）**クレジットを利用した場合**　商品購入時にクレジット業者と個別クレジット契約を締結すれば、カードを利用しなくても、代金の支払いを分割・後払いにすることができます（個別クレジット契約について75頁を参照してください）。この支払方法で商品を購入し、事業者の不実告知・故意による事実不告知を理由に商品購入契約を取り消した場合、個別クレジット契約は商品購入契約とは別の契約のため、取り消すことができないとされていましたが、2008（平成20）年の法改正により、商品購入契約とともに個別クレジット契約も取り消すことができるようになりました（割販法35条の3の13・35条の3の14・35条の3の15・35条の3の16）。ただし、商品購入契約を取り消したとしても、自動的に個別クレジット契約も取り消されることはないため、クレジット業者に対して個別クレジット契約を取り消す旨を通知することが必要です。個別クレジット契約を取り消した場合、消費者はクレジット業者に支払った代金すべての返還を請求することができ、残金も支払う必要がなくなります。

２）消費者トラブルの多い取引

　（1）**訪問販売**　訪問販売は、事業者の営業所以外の場所で契約を締結する取引です（特商法2条1項）。訪問販売の典型例として、セールスマンが自宅や会社を訪れて、商品を購入させるものが挙げられます。訪問販売は、時間をかけて商品を購入するか否かを決定できる店舗販売と異なり、不意打ち的に自宅を訪問されて、圧倒的なセールストークによって熟慮せずに商品を購入してしまう可能性があります。そのため、訪問販売で契約を締結した場合には、クーリング・オフ等が認められます。

典型的な訪問販売とは異なりますが、不意打ち的な点で典型的な訪問販売と共通するものがいくつかあります。路上など営業所以外の場所で声をかけ、営業所等で商品の購入などを勧める「キャッチセールス」、電話・郵便等で「当選しました」などと声をかけて営業所に呼び出し、商品の購入などを勧める「アポイントメントセールス」、勧誘目的を隠して会場に呼び込み、景品の配布などにより興奮させて、高額な商品を購入させる「SF商法」、勧誘目的を隠してデートに呼び出し、商品の購入を勧める「デート商法」などです。これらはすべて訪問販売に含まれるため、消費者は 1）において説明した救済方法のうちいくつかを主張して、契約をなかったことにすることができます。

　訪問販売で契約が締結された場合、期間内であれば、クーリング・オフにより契約をなかったことにすることができます（特商法9条）。クーリング・オフ期間を経過しても、契約締結時から1年以内であり、過量販売の事実があれば契約を解除し、クーリング・オフと同様の効果を得ることができます（特商法9条の2）。また、一定の期間内であり、事業者の不実告知または故意による事実不告知の事実があれば契約を取り消し、契約をなかったことにすることもできます（特商法9条の3）。

　（2）通信販売　インターネットの普及により、インターネットで商品のHPをみて買い物をする人も多くなったのではないでしょうか。インターネットのほかに、新聞、テレビ、メールなどの広告をみて、消費者が電話、郵便、ファックス、インターネット等の通信手段を使って契約の締結をする取引を通信販売といいます（特商法2条2項）。

　インターネットで買い物をした後、事業者からメールが届くことがあります。たまにならば問題ありませんが、1日に数回メールが届くようであれば、迷惑と感じるはずです。特定商取引法は、迷惑メールを防止するため、事業者が、電子メール広告を送信する前に、消費者から承諾を得なければならないとしています。これをオプトイン規制といいます（特商法12条の3・12条の4、特定商取引に関する法律施行規制11条の2〜11条の7、以下、特商規）。従来は、消費者が電子メール広告の送信を拒否した場合に限り、メール送信をすること

が禁止されていましたが（これをオプトアウト規制といいます）、迷惑メールの被害が解消されなかったため、オプトイン規制が導入されています。

　通信販売では、訪問販売等と異なり、契約締結までにじっくりと考えることができますが、実際に商品を手に取ってみることができないため、購入したところ想像していたものと違ったということがあります。75頁で説明したように通信販売には、クーリング・オフ制度がありませんが、その代わりに返品制度が認められています。返品制度とは、広告に返品に関する特約が記載されていない場合、商品の引渡しを受けた日から8日間であれば、契約を解除し、商品の返品を認めるものです（特商法15条の3第1項）。返品に関する特約が広告に記載されている場合、その特約に従うことになり、広告で返品を受けつけない旨の特約が定められていれば、返品ができません。また、商品の返送に関する費用について、特約が定められていない場合、クーリング・オフと異なり、消費者が負担することになります（特商法15条の3第2項）。

　(3) 電話勧誘販売　　事業者が電話で勧誘して、契約の締結をさせる販売方法を電話勧誘販売といいます（特商法2条3項、特商令2条）。消費者が事業者からの電話を切った後、電話をかけて、その電話または郵便・信書便・ファクシミリ・電子メールなどにより、契約を締結する場合も電話勧誘販売に含まれます（特商法2条3項、特商令2条）。

　電話勧誘販売で契約を締結した場合、期間内であれば、クーリング・オフを主張して契約をなかったことにすることができます（特商法24条）。クーリング・オフ期間を経過しても、契約締結時から1年以内であり、過量販売の事実があれば、契約を解除し、クーリング・オフと同様の効果を得ることもできます（特商法24条の2）。また、一定期間内であれば、事業者の不実告知または故意による事実不告知の事実があれば契約を取り消し（特商法24条の3）、契約をなかったことにすることができます。

　(4) 連鎖販売取引　　連鎖販売取引とは、消費者に商品の販売や会員の勧誘により利益が得られると勧誘して、入会金や商品購入代金などを支払わせる取引です（特商法33条）。いわゆるマルチ商法といわれるものです。消費者は、入会金を支払ったとしても、会員を増やしその会員が商品を再販売な

どすれば、売上金の一部が配当されてすぐに元を取り戻すことができるなどと勧誘されます。しかし、会員を増やすことや素人による商品の再販売は難しく、高額な入会金を支払っただけで利益は得られなかった、執拗な勧誘をしたために友人をなくしたなどのトラブルが多く見られています。

　なお、連鎖販売取引と似た組織としてねずみ講（正式名は無限連鎖講であり、例えば、Aが金銭を支払って組織に加入し、BとCを加入させた場合、BとCが加入時に支払った金銭がAに配当される組織です）と呼ばれる組織がありますが、ねずみ講は金銭を配当する組織であり、無限連鎖講の防止に関する法律により禁止されています。これに対し、連鎖販売取引は金銭の配当に物品の販売や役務の提供という要素が加わり、取引の制限を受けるのみで禁止されていません。

　消費者は期間内であれば連鎖販売契約をクーリング・オフすることができます（特商法40条）。クーリング・オフ期間は、書面を受け取った日から20日以内です（詳しくは、本章のコラムを参照してください）。商品の引渡し日が書面の受取り日よりも遅い場合、クーリング・オフ期間は商品の引渡しの日から20日以内となります（特商法40条）。クーリング・オフ期間が経過しても、連鎖販売契約を中途解約し、組織から退会することができます（特商法40条の2）。連鎖販売業者から商品を購入していた場合、商品購入に係わる契約も条件を満たせば解約することが可能です（その条件とは、①組織に入会してから1年以内であること、②商品引渡日から90日以内であること、③商品を使用・消費していないことなどです。特商法40条の2第2項、特商令10条の2）。商品購入の契約を解約した場合、その違約金は返品する商品の販売価格の10％と法定利率による遅延損害金を合算した額を超えることができません（特商法40条の2第4項）。

　また、一定期間内であり、連鎖販売業者による不実告知または故意の事実不告知の事実があれば、連鎖販売契約を取り消し、契約をなかったことにすることもできます（特商法40条の3）。

　(5) 特定継続的役務提供　　エステや学習塾のように、消費者と事業者の契約関係が1回限りにならず、継続的なものになることがあります。このように、サービスを継続的に提供する取引を特定継続的役務提供といいます

表 4-1　特定継続的役務の種類

特定継続的役務	期間	金額
エステティック 美容医療	1月を超えるもの	5万円を超えるもの
語学教室	2月を超えるもの	
家庭教師		
学習塾		
PC 教室		
結婚相手紹介サービス		

（特商法 41 条、特商令 11 条・12 条・別表第 4）。対象となるサービスの種類は、英会話やエステなど一定のものに限られます（表 4-1 を参照してください）。

　消費者はこれらのサービスが提供される契約を締結した場合、期間内であれば、クーリング・オフすることができます（特商法 48 条）。サービスを受けるにあたり教材などの商品を購入させるケースもみられますが、期間内であれば、商品購入契約もクーリング・オフすることが可能です。クーリング・オフ期間が経過し、授業などのサービスを数回受けた後であっても、消費者は、理由なく、中途解約をすることもできます（特商法 49 条）。中途解約により事業者は消費者に対して損害賠償を請求することができますが、その額は制限されます（特商法 49 条 2 項、特商令 6 条・別表第 4）。消費者が中途解約して、事業者が損害賠償を請求した場合には、消費者が支払った契約代金から損害賠償の額を差し引いた金額が消費者に返還されることになります。

　(6) 業務提供誘引販売取引　　仕事を提供すると誘い、仕事に必要なパソコンや教材の購入契約をさせる取引です（特商法 51 条）。いわゆる内職商法、モニター商法と呼ばれるもので、仕事に必要となる商品を購入させたり、講習を受講させながら、実際には仕事を提供しないといったトラブルもあります。このようなトラブルがあってもなくても、この取引で契約を締結した場合、期間内であれば、クーリング・オフを主張し、契約をなかったことにすることができます（特商法 58 条）。クーリング・オフ期間が経過した後であっても、事業者に事実不告知または故意の事実不告知の事実があれば、契約を取り消すことができます（特商法 58 条の 2）。

(7) **訪問購入**　事業者が営業所以外の場所で、消費者から物品を購入する取引を訪問購入といいます（特商法58条の4）。訪問購入は、押し買い商法などといわれることがあります。消費者が自宅にある大切な宝石を売ってしまった、着物を市場価値より安く売ってしまったなどのトラブルが多発したことから、2012（平成24）年の法改正で特定商取引法が対象とする取引に導入されました。法改正により、訪問購入を行う事業者は、消費者が訪問購入に関する契約について勧誘してほしいと要請しない限り、消費者の自宅などで勧誘することができなくなりました（特商法58条の6第1項）。また、消費者に訪問購入に関する契約について勧誘を受ける意思がなかったり、消費者が契約締結の意思のないことを示したときにも、事業者は消費者に対して勧誘の継続や再び勧誘することが禁止されます（特商法58条の6第3項）。

　訪問購入に関する契約を締結してしまった場合、消費者はクーリング・オフを主張し（特商法58条の14）、事業者に売った物品を事業者から取り戻すことができます。事業者が第三者に物品を売却してしまうおそれもあるため、クーリング・オフ期間であれば、消費者は事業者に対する物品の引渡しを拒むことが可能です（特商法58条の15）。

(8) **ネガティブオプション**　注文をしていないのに商品を一方的に送りつけ、一定期間内に返品しないと購入したものとみなすような取引をネガティブオプションといいます（特商法59条）。いわゆる送りつけ商法です。

　契約は、申込みと承諾がなければ成立しません。しかし、この取引において、事業者が商品を一方的に送りつけた段階では、事業者の申込みがあるのみで消費者の承諾はないと考えられ、消費者が承諾しない限り、契約は成立していないと考えられます。

　特定商取引法は、事業者が商品を一方的に送りつけた場合、商品を送りつけられた日から14日以内に消費者が商品購入の承諾をせずまたは事業者が商品の引き取りをしなかったときは、事業者は消費者に対して商品を返還するよう請求できなくなります（特商法59条1項）。また、この期間が経過すれば、消費者はその商品を使用したり、捨ててしまっても、事業者から商品の代金を請求されたり、損害賠償を請求されることはありません。また、消費

者が事業者に対して引取り請求をした場合には、商品の保留期間は 14 日から 7 日間に短縮されます。

6　クレジットカードの利用

1）クレジットカードと審査

　給料日前でお金がない場合や、たまたま持ち合わせのお金がない場合など、クレジットカードを使って買い物をしてしまうことがあると思います。クレジットカードは、手持金がなくても欲しい物や必要品を買うことができるため、非常に便利なものといえます。しかし、現金で買い物をした場合に比べてお金を使ったという実感がないためか、お金を使いすぎてしまうといった問題もあり、クレジットカードを利用した取引については、割賦販売法という法律によって規制されています（規制される取引は、消費者が購入してから支払いまでの期間が 2 か月以上になり、支払回数が 3 回以上に分割しているものに限られます。割販法 2 条 3 項）。

　割賦販売法は、規制の一つとして、クレジットカードを発行する信販会社（以下、クレジット業者といいます）に対してクレジットカード発行にあたり消費者の支払能力の審査をするよう義務づけています（割賦法 30 条の 2）。クレジットカードは、あらかじめ設定した限度額内であれば、カードを利用して様々な商品を購入したり、サービスを受けることなどができますが、その限度額が消費者の収入や資産に見合わなければ、破産や多重債務を招いてしまうことも考えられます。このような事態を回避するために、クレジット業者は、クレジットカードを発行する際、返済可能見込額（返済可能見込額とは、年収＋預貯金－（クレジット債務＋生活維持費）です。なお、生活維持費は、法令により定められます）の 90％にあたる金額を超えて限度額を定めることはできません（割賦法 30 条の 2 の 2）。

2）クレジットカードと契約関係

　消費者がクレジットカードを利用して商品を購入した場合、消費者、商品を販売する事業者、クレジット業者との間には、消費者と事業者の契約（商品購入契約）のほかに、クレジット業者と消費者の契約（包括クレジット契約）、

事業者とクレジット業者の契約（加盟店契約）が存在します。これらの契約により、消費者は販売業者から商品を受け取り、代金をクレジット業者に分割・後払いで支払うことになります。また、クレジット業者は、消費者の代わりに販売業者に対して商品代金の立替払いをします。

　消費者がクレジットカードを利用して商品を購入し、クーリング・オフなどの理由から商品を返品した場合であっても、消費者がクレジット業者に対して代金を支払わなければならないか問題となります。商品購入契約がクーリング・オフなどにより解約された場合、消費者はクレジット業者に対して未払金を支払う必要がなくなります。ただし、すでに支払った代金について返還を求めることはできません（割販法30条の4第1項）。

3）クレジットカードの支払方法

　クレジットカードで商品等を購入した場合、消費者はクレジット業者に対して代金を後払いすることになります。後払いの方法として、翌月1回で支払うもの、数回にわたり支払うものなど様々ですが（なお、翌月1回で支払う方法は、割賦販売法が規制する取引の対象になりません）、リボルビングという支払方法も支払方法の一つとして選択できるようになってきました。リボルビングは、リボ払いと呼ばれることもあります。この支払方法は、毎月の支払額を決定すれば、クレジットカードの利用額に関係なく、毎月の支払額があらかじめ決定した支払額に固定されるというものです。クレジットカードの利用額が毎月の支払額に影響しないため、利用額に変動のある人にとっては利用しやすい支払方法といえますが、利用額の感覚がなくなってしまうという問題点などが指摘されています。

■発展課題

1　Aは、友達Bが着物を買いに行くので一緒に来てほしいと頼まれ、Bと一緒に着物の展示場に行ったところ、販売員に勧められて着物を3着も購入させられてしまいました。Aは着物をほとんど着ないため、着物を返品したいと考えていますが、クーリング・オフ期間が経過しています。Aは着物を返品し、クーリング・オフと同様、代金を返還してもらえるでしょうか。

2 Cはインターネットで洋服を購入しましたが、似合わなかったので返品した
　いと思い、販売業者Dに問い合わせをしたところ、「当社では、返品制度がな
　いため、返品はできません」といわれました。しかしながら、インターネッ
　トのサイトを確認しましたが、返品制度がないまたは返品できないなどにつ
　いては一切書かれていませんでした。このような場合であっても、Cは洋服
　を返品できないでしょうか。
3 Eは、健康食品を販売する訪問販売員Fの勧誘によりサプリメントを3万円
　で購入しましたが、お金がないし、クレジットカードもないといったところ、
　Fは支払いについてクレジットカードを作らず数回の分割・後払いにするこ
　とができるといって、サプリメントの購入契約とは別にクレジット業者との
　契約を締結するよう勧めたため、EはFの勧める通り2つの契約を締結する
　ことにしました。3日後、Eはサプリメントの購入契約をクーリング・オフし
　たいと考えました。EはFにサプリメントを返品し、クレジット業者との契
　約もクーリング・オフすることができるでしょうか。

■参考文献

中田邦博・鹿野菜穂子編『基本講義　消費者法　第4版』日本評論社、2020年
村千鶴子『Q＆A市民のための消費者契約法』中央経済社、2019年
後藤巻則・村千鶴子・斎藤雅弘『アクセス消費者法〔第2版〕』日本評論社、
　2007年
伊藤進・村千鶴子・高橋岩和・鈴木深雪『テキストブック消費者法〔第4版〕』
　日本評論社、2013年

5章

契約と法

1 権利と義務

1）債権と物権

　私たちの日常生活は、普段意識していなくても様々な法律関係が生じています。例えば、みなさんが家電量販店でパソコンを買う場面を想定してみましょう。パソコンを購入するという行為は、法律上、「売買契約」を締結するということです。契約を締結すると、民法上、「権利と義務」が発生します。契約の成立により、一方で、客が店員に「パソコンをください」と請求する権利（債権といいます）が発生し、他方で、店員が客にパソコンを引き渡す義務（債務といいます）が生じます。また、一方で、店員は、客に「代金を支払ってください」と請求する権利（債権）を有し、他方で客は、店員に代金を支払う義務（債務）を有します。つまり、債権とは、特定の人が特定の人に対して特定の行為を請求することができる権利をいい、債務とは、特定の人が特定の人に対して特定の行為をする義務をいい、これらの権利と義務が民法に規定されています。

　この債権に対して、人から物（ここではパソコン）に対して向かう権利を物権といいます。物権は、人が物を独占的・排他的に支配できる権利です。物権の種類・内容は法律によってすべて決められており（物権法定主義〔民法175条、以下、「民」とする〕）、債権のように自由に作り出すことはできません。物権の代表的な権利である所有権は、人が物を自由に使用・収益・処分でき（民206条）、それをあらゆる人に主張できる非常に強い権利といえます。

　売買契約を締結するにあたり、民法上必要となる能力が3つあります。す

なわち、単独で民法上の権利を行使するには、「権利能力」「意思能力」「行為能力」という、権利帰属の際に必要な内容である能力が必要です。この3つの能力は、明確に区別して理解しなければなりません。

2）権利能力

　権利能力というのは、民法上の権利・義務の主体となることができる資格をいいます。この能力は、「人」が生まれると同時に取得します（民3条1項）。ここでいう「人」とは、民法上、「自然人」のことをいいます。他方で、民法は「人」としての「法人」をも定めています。自然人とは、私たち生きているすべての者をいい、法人の例としては会社が挙げられます。以下、本章に出てくる「人」は、自然人のことを指します。

（1）権利能力の始期

　a）胎児の権利能力　　前述のように、原則として権利能力の始期は出生^{しゅっしょう}の時になります。ただし、例外的に、出生していない胎児についても「生きて生まれる」ことを条件として権利能力が認められる場合があります。すなわち、不法行為の損害賠償請求（民721条）、相続（民886条1項）、遺贈（民965条）の場合です。例えば、歩行中、車にひかれた胎児の父が死亡した場合を考えてみましょう。胎児は、損害賠償の請求については「既に生まれたものとみなす」ため、胎児も父をひいた加害者に対して損害賠償を請求する権利を有します。もちろん、胎児自身が損害賠償請求することはできないので、現実には、親権者である母（民818条）が請求することとなります（民824条）。相続および遺贈についても同様に、一般には胎児の親権者がそれぞれの権利を行使します。もっとも、胎児の代理人については民法上規定がないため、学説上は母に胎児の権利の保存（民103条）についてのみ代理行為の権限を認めるとするのが有力です（幡野「胎児の権利能力」民法判例百選9頁）。

　b）停止条件説と解除条件説　　それでは、胎児について、いつをもって「生まれたとみなす」のでしょうか。その時期については、「停止条件説」と「解除条件説」とによって分かれるとする考え方があります。

　停止条件説は、胎児中は権利能力を有さず、生きて生まれたことを条件として胎児の時期から権利能力を有していたとみる考え方です。一方、解除条

件説は、胎児の間も権利能力を有するものとして、親権者等が胎児を代理して相続や損害賠償請求等を行うことができると考えられ、もしも死産の場合には、それを条件として、効力発生時に遡って胎児の権利能力はなかったものとして扱うとする考え方です。

　すなわち、効力の「発生」に条件がつけられるものが停止条件であり、効力の「消滅」に条件がつけられるものが解除条件です。「条件」とは法律行為の効力の発生・消滅を将来の実現が不確実な事柄にかからせる場合をいい、効力の発生・消滅が確実な事柄につけられる「期限」とは区別されます。判例（大審院判昭7年10月6日）は、停止条件説の考えに立ち、原告の胎児中に生じた損害賠償の請求につき、母その他の者が胎児のためにした和解の効力は胎児を拘束しないと判示しました。

　(2) 権利能力の終期　　権利能力は、人の死亡によって消滅します。死亡の判定については、医学界からは脳死の問題も考えていく必要がありますが、医師等によって死の3徴候（心臓停止、呼吸停止、瞳孔拡大）が確認された時となります。ところで、例えば、突然妻が家出をし、何年間も行方不明のままでは、残された家族の権利・義務関係が不安定な状態に置かれます。そこで、民法では「失踪宣告」という制度を設けています。

　失踪宣告とは、一定期間生死不明が続いた者については、その者を死亡したものとみなして、利害関係人の法律関係を確定させる制度です。失踪宣告には、普通失踪と特別失踪があり、普通失踪は、不在者の生死が7年間続く場合、特別失踪は、死亡の原因となるべき危難に遭遇した者の生死が、危難が去った後1年間明らかでない場合、それぞれ利害関係人の請求により、行うことができます（民30条）。

　失踪宣告を受けた者は、死亡したものとみなされるため、その結果、利害関係人は、婚姻を解消して再婚もできるし、相続も開始されます。しかし、失踪宣告を受けた者の権利能力を奪うものではないので、失踪者が生存していれば、その者は他の場所で身分・財産関係を形成することは可能です。

　失踪者は、失踪宣告によって死亡したものとみなされているため、生きて帰ってきても当然には宣告の効力はなくなりません。そこで、本人または利

害関係人は、家庭裁判所に失踪宣告の取消しを求めることができます（民32条1項）。取消しによって、失踪宣告ははじめに遡ってなかったものとして扱われます。

ただし、その取消しは、失踪宣告後、その取消し前に善意（失踪宣告が事実に反するものであることを知らなかったこと）でした行為の効力には影響を及ぼさず（民32条1項後段）、また、失踪宣告によって財産を得た者（例えば相続人）は、宣告の取消しがあった場合、「現に利益を受けている限度においてのみ」（「現存利益」といいます）、返還義務を負います（民32条2項）。現存利益の返還とは、現に手元に残っている利益を返還すればよく、消費してしまったものは返さなくてよいというものであり、財産取得者を保護している規定であると考えられています。ただし、通説は、生活費に充てた場合は、本来であれば、自己の財産から支払うべきところを、必要な出費を免れたという利益が現存しているので、返還義務があるとしています。

また、数人が危難に遭って死亡し、その死亡の前後が明らかでない場合の死亡時期の認定は、同時死亡の推定がはたらきます（民32条の2）。

3）意思能力

権利能力の次に検討すべき能力が、「意思能力」についてです。売買契約のような法律行為を当事者が有効に行うためには、その法律の結果を弁識するに足り得るだけの能力（「事理弁識能力」といいます）が必要となります。このような能力を「意思能力」といいます。意思能力がない者というのは、例えば、ひどく酔っぱらっていて正確な判断ができないような状態にある者や幼児などが該当し、それらの者が売買契約を締結しようとした場合、その契約は無効となります（民3条の2）。これまで意思能力を有しない者の意思表示が無効であるとする規定は置かれていませんでしたが、2017（平成29）年の民法改正により新たに規定が設けられました。

4）行為能力

3歳の幼児のような意思能力のない者がパソコンを購入するといった法律行為をしたとしてもその法律行為は無効となりますが、それでは、17歳の子供が売買契約を締結した場合の効果はどうなるでしょうか。民法上、18

歳未満の未成年者（民 4 条。成年年齢は、2022〔令和 4〕年 3 月 31 日までは 20 歳、同年 4 月 1 日からは 18 歳です）が行った法律行為は有効となりますが、法定代理人の同意を得ずに行った法律行為は、原則として取り消し得る行為となります（民 5 条）。ただし、単に権利を得、または義務を免れる法律行為については取り消すことができません（民 5 条 1 項ただし書）。たとえば、祖父から土地をもらう契約（贈与契約、民 549 条）などです。3 歳の幼児も 17 歳の子供も民法上は同じ未成年者ですが、17 歳であれば、事理弁識能力は一般に認められ、意思能力は認められます。しかしながら、意思能力を備えていても、自己の財産について合理的な管理ができるとは限らず、意思能力を備えている者でも、その者が単独で結んだ契約の効力を否定したり、財産の管理・処分について下した決定を否定するほうが望ましい場合があります（潮見・20）。そこで、民法では意思能力を問題としただけでは、十分に対応できない場合を合理的に処理するため（潮見・21）、単独で法律行為ができない者を制限行為能力者と定め、その者に法定代理人をつけて保護すると同時に、その者と法律行為をする取引の相手方の保護も図っています。

　未成年者以外に制限行為能力者と呼ばれる者は、成年被後見人（精神の障害により事理を弁識する能力を欠く常況にある者、民 7 条）、被保佐人（精神上の障害により事理を弁識する能力が著しく不十分である者、民 11 条）、被補助人（精神上の障害により事理を弁識する能力が不十分である者、民 15 条）です。家庭裁判所は、本人やその他民法上定められた一定の者からの請求により、後見・保佐・補助開始の審判を行うこととなります。

　一方、制限行為能力者の取引の相手方は、制限行為能力者が法定代理人の同意を得ずに法律行為を行った場合は原則として後から取り消すことができるため、その者がその行為を取り消すのか、それとも取り消さずその効力を主張するのかわからず、取引上、非常に不安定な立場に置かれることとなります。そこで、取引の相手方には、制限行為能力者がどちらを選択するか決定すべきことを求める「催告」の制度が認められています（民 20 条）。

　取引の相手方は、その制限行為能力者が行為能力者となった場合（例えば、未成年者が成年に達したり、婚姻による成年擬制をされた場合、または、後見・補佐・補

助開始の審判が取り消された場合)、その者に対し、1か月以上の期間を定めて、その期間内にその取り消すことができる行為を追認するかどうかを確答すべき旨の催告をすることができ、この場合において、その者が期間内に確答を発しないときは、その行為を追認したものとみなします（民20条1項）。追認とは、取り消すことができる行為に対する取消し権を放棄するということです（民122条参照）。

　一方、制限行為能力者が取引後も制限行為能力者のままである場合、その法定代理人、保佐人、または補助人に対して催告し、それらの者が期間内に確答しない場合は追認したものとみなされます（民20条2項）。また、被保佐人、被補助人に対しては、不十分ではありますが行為能力が認められるため、保佐人また補助人の追認を得るべき旨の催告をすることもでき、この場合、被保佐人または被補助人が期間内に追認を得た旨の通知を発しないときは、その法律行為を取り消したものとみなされます（民20条4項）。

2　契約の成立と意思表示

1）双務契約と片務契約

　売買契約は、契約当事者双方が義務（債務）を負います。このような契約を双務契約といいます。双務契約に対し、契約当事者の一方のみが義務（債務）を負う契約を片務契約といいます。例えば、民法典には13種類の典型契約と呼ばれる契約がありますが、そのうちのひとつである贈与契約は、契約当事者の一方が一方的に土地などを与える義務を有する契約なので、片務契約になります。ちなみに、典型契約以外の契約を非典型契約といいます。

2）「契約自由の原則」と「私的自治の原則」

　民法上、私たちは典型契約以外の内容の契約を誰としようと自由です。これを「契約自由の原則」といいます。この契約自由の原則は、そもそも、すべての個人は自由な意思によらなくては権利を取得し義務を負わされることはないとする、「私的自治の原則」に基づいています。したがって、NHKの受信契約など法令に特別な定めがある場合を除き、契約をするかどうかを自由に決定することができ、妾契約など民法90条が定める公序良俗に反する

ような契約を除き、契約の内容を自由に決定することができます（民521条）。また、契約の成立には、法令に特別の定めがある場合を除き、書面の作成も要しません（民522条2項）。

3）契約の成立時期

契約の成立は、一方が契約の内容を示してその締結を申し入れる申込みの意思表示に対して相手方が承諾したときに成立します（民522条1項）。つまり、「パソコンを買います」という申込みの意思表示と「パソコンを売ります」という承諾の意思表示の合致によって売買契約は成立します。意思表示は、その通知が相手方に到達したときからその効力を生じます（到達主義、民97条1項）。

4）意思の欠缺、瑕疵ある意思表示

そもそも契約は、契約当事者の「売ろう」「買おう」とする内心の効果意思と契約当事者の「売る」「買う」という表示行為の一致によって成立します。この内心の効果意思と表示行為が一致していれば、その後、正常な取引において「同時履行の抗弁権」（民533条）が生じます。すなわち、双務契約の当事者の一方は、相手方がその債務の履行を提供するまでは、自己の債務の履行を拒むことができるのです。

内心の効果意思と表示行為が一致しない場合を「意思の欠缺（けんけつ）」といい心裡留保（民93条）、虚偽表示（民94条）、表示に対応する意思を欠く錯誤（民95条1項1号）が該当します。一方、内心の効果意思と表示行為が一致はしているけれども、その一致するまでの過程に「きず」（法律上、「瑕疵」といいます）がある場合を「瑕疵ある意思表示」といい、法律行為の基礎とした事情についてその認識が真実に反する錯誤（民95条1項2号）、詐欺・強迫（民96条）が該当します。

（1）心裡留保　　例えば、表意者（意思表示を行う者）が本当はパソコンをあげる気がないにもかかわらず冗談で相手方に「パソコンをあげる」といい、相手方がそれを嘘とは知らない（事実を知らないことを民法では「善意」といいます）で承諾した場合、この贈与契約は成立します。このように、表意者が内心の意思と表示行為の不一致を知りながら意思表示をすることを心裡留保と

債権法の大改正

　1896（明治29）年に制定された民法が、同法制定以来の社会・経済の変化への対応を図り、また、国民一般にわかりやすいものとする等の観点から、国民の日常生活や経済活動にかかわりの深い契約に関する規定を中心に大改正が行われ、2017（平成29）年6月2日に公布され、2020（令和2）年4月1日から施行されました（法務省HP〔http://www.moj.go.jp/〕参照）。

　本章に関連する内容としては、例えば、改正前民法の心裡留保の規定では第三者の保護の要件に関する定めがありませんでしたが、判例で採られていた趣旨を明文化しました（民93条2項）。また、錯誤の場合、改正前民法95条において意思表示は「無効」になると規定されていましたが、判例等を踏まえ、改正民法では、錯誤の場合には意思表示を「取り消す」ことができるものと規定しました（民95条1項）。法律上、「無効」と「取消し」は大きく異なります。無効は、意思表示の効力が最初からなかったものとして扱われますが、取消しは、意思表示の効力について、取り消すまでは一応有効であると認められ、取り消されると当初に遡って効力が否定されるからです。その他、表見代理について、改正前民法には規定されていませんでしたが判例においては認められていた、代理権授与の表示による表見代理と権限踰越による表見代理の重畳適用（最判昭45年7月28日）と、代理権消滅後の表見代理と権限踰越の表見代理の重畳適用（最判昭32年11月29日）とについて、それぞれ明文化しました（民109条2項・112条2項）。

いいます。このような嘘あるいは冗談にあたる意思表示は、原則として有効です（民93条1項本文）。真意と異なることを知りながら意思表示をした表意者よりも、善意の相手方を保護する必要があるからです。ただし、相手方がその意思表示が真意でないことを知っていたか（事実を知っていることを「悪意」といいます）、または、相手方が知ることができたとき（有過失）、その意思表示は無効となります（民93条1項ただし書）。ただし、この意思表示の無効は、善意の第三者には対抗する（主張する）ことができません（民93条2項）。したがって、嘘だと知っていて相手方がパソコンを受け取った場合、本来であればこの贈与契約は無効となりますが、そのパソコンが第三者に転売され

たような場合には、その第三者が善意であれば表意者は意思表示の無効を第三者に主張することはできないのです。

(2) **虚偽表示**　表意者が相手方と通謀して内心の効果意思と異なる意思表示をすることを（通謀）虚偽表示といいます。例えば、表意者 A が債権者から自己の土地の差押えを受けるのを免れるために、友人 B に依頼し虚偽の土地の売買契約の相手方となってもらい、債権者に売買契約が締結されたように見せかけるため B に所有権の登記を移転し、債権者からの土地の差押えを免れるといった場合です。

登記とは、この不動産は自分の物であると公示する方法です。物権には自分だけがその物を独占して支配できるという排他性があり、その物について誰がいかなる物権を有するのかを外部に公示する方法として、不動産においては登記がとられているのです。

このような通謀虚偽表示は、当然、原則として無効であり、所有権の移転も行われず、契約は成立しません（民 94 条 1 項）。ただし、AB 間の通謀虚偽表示による売買契約の後、B が A を裏切り、自己に登記があることを利用して第三者 C と土地の売買契約を行ったような場合、C が AB 間の通謀虚偽表示についても、B の虚偽行為についても善意であれば、A は B との通謀虚偽表示による意思表示の無効を C に対抗することができないため、A は登記を自己に戻すよう、第三者 C に主張することができません（民 94 条 2 項）。

(3) **錯誤**　内心の効果意思と表示行為の間に不一致があることを表意者自身が気付かずに意思表示を行うことを錯誤といいます。すなわち、「勘違い」をしている場合です。例えば、表意者 A が、ネットオークションで自動車を 20 万円で売却しようとしたところ、誤って 2000 円と表示してしまい、2000 円で自動車を売却するという契約が締結された場合です。この場合、A の錯誤が、「法律行為の目的および取引の通念に照らして重要なものである」ということができれば、A は 2000 円での売却を取り消すことができます（民 95 条 1 項 1 号）。ただし、錯誤が表意者の重大な過失によるものであった場合には、「相手方が表意者に錯誤があることを知り、または重大な過失

によって知らなかったとき」または「相手方が表意者と同一の錯誤に陥っていたとき」を除き、意思表示の取消しをすることはできません（民95条3項）。「重大な過失」、すなわち、重過失とは、著しい不注意のことをいい、一般的な不注意である「過失」と区別しています。さらに、Aの錯誤により生じた売買契約の取引の相手方であるBが自動車を善意・無過失のCに転売した場合、Aは錯誤による売買契約の取消しをCに主張することはできません（民94条4項）。

また、「法律行為の基礎とした事情についてのその認識が事実に反する錯誤」の場合においても、その錯誤が「法律行為の目的および取引上の社会通念に照らして重要なものであるとき」は、取り消すことができます（民95条1項2号）。この錯誤は、いわゆる「動機の錯誤」と呼ばれているもので、意思表示に錯誤があるわけではなく、その前段階の意思表示をしようとした「基礎とした事情についてのその認識」に錯誤が生じた場合であり、この場合の取消しは、その事情が「法律行為の基礎」とされていることが表示されているときに限り、行うことができます（民95条2項）。例えば、表意者AがB所有の甲土地の購入を決めたのは近くに大きなスーパーが建設されるからという理由でしたが、これがAの勘違いであった場合です。この場合、Aが甲土地の購入をする際に「近くにスーパーができるから甲土地を購入する」という購入の動機がBに表示されていれば、錯誤を理由として契約を取り消すことができます。

5）詐欺・強迫

詐欺とは、他人をだまして錯誤に陥らせ、かつ、その錯誤によって意思を決定させる表示行為をいい、強迫とは、明示もしくは暗黙に相手方に害悪を通知して畏怖を生じさせ、その畏怖によって意思表示をさせようとする行為（最判昭33年7月1日）をいいます。

（1）詐欺　表意者Aが取引の相手方Bに騙されて、家宝の壺をBに売却する意思表示をした場合、このような行為によって契約をしてしまったAは、その意思表示を取り消すことができます（民96条1項）。また、AがBに壺を売却した理由が、第三者Cの詐欺によるものであった場合、売買契

約の相手方であるBがその事実を知り、または知ることができたときに限り、Aは自分の意思表示を取り消すことができます（民96条2項）。

　Aが取引の相手方であるBに騙されて壺を売却し、Bがさらにその壺を第三者である友人Dに売却した場合、Aは、Dが善意（詐欺の事実を知らない）であり、かつ過失がなければ、Bの詐欺を理由に意思表示を取り消すことができません。詐欺にあった本人Aよりも、善意・無過失の第三者Dの保護を図っているのです。

　(2) 強迫　　　表意者Aが取引の相手方Bにおどされて、家宝の壺をBに売却する契約をした場合も、詐欺の場合と同様に、その意思表示は取り消すことができます（民96条1項）。AがBに壺を売却した理由が、第三者Cの強迫によるものであった場合においても、詐欺の場合とは異なり、Aは常にその意思表示を取り消すことができます（最判平10年5月26日）。Bの善意・悪意は問われません。さらに、Aを強迫して壺を購入したBがその壺を第三者Dに売却した場合、AはBから受けた強迫による意思表示の取消しをDに対しても主張でき、壺を取り返すことができます。この場合において、Dの善意・過失の有無は関係ありません。

3　代　　　理

1）代理の意義

　他人（代理人）の意思表示によって、本人が直接にその法律効果を取得する制度を代理制度といいます。日常生活においても、「〜の代理で来ました」というように「代理」という言葉は使いますが、民法が定める「代理」は、原則として契約等の法律行為に限られます。

　代理制度の社会的意義としては2つ挙げられます。ひとつは、未成年者や成年被後見人に代わって法律行為ができるようにするために、「私的自治の補充」として代理制度が要請されます。このように要請される代理制度を「法定代理」といいます。法定代理人とは、本人の意思によらず法律上与えられる代理人であり、親権者、後見人（未成年後見人と成年後見人）が該当します（民824条・859条）。

いまひとつは、経営の拡大につき自分自身で取引をすることが困難な場合等、自己の取引範囲を拡大するために、他人の助力・協力が必要となる場合であり、「私的自治の拡充」として代理制度が要請されます。このように、本人の意思に基づいて要請される代理制度を「任意代理」といい、条文上、「委任による代理」と表されています（民104条・111条2項）。任意代理人は、本人の意思に基づいて選任されます。

2）代理の要件と効果

　任意代理の場合を例に、本人Aが車の購入を考えており、車に造詣が深い友人Bに車の購入についての代理を依頼した場面を想定してみましょう。この場合、Bの結んだ売買契約の効果が本人Aに帰属するには、どのような要件が必要でしょうか。

　代理は図5-1のような三角形が基本図となります。

　図5-1を参照してください。代理行為が有効に機能するためには、まず、①代理権の存在があることが必要であり、これを代理権授与行為といいます。次に、②代理人Bが車の購入にあたり、「Aの代理人Bです」というように、自分がAの代理人であるということを相手方Cに示さなければいけません。このように、Bが本人Aのためにすることを示すことを「顕名」といいます。そして、③代理人Bと相手方Cとの間で有効な代理行為（売買契約）がなされていることが必要です。代理人Bは、与えられた代理権以上の行為を行うことはできません。以上の要件を満たした代理行為の効果は本人に直接帰

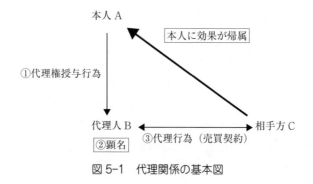

図5-1　代理関係の基本図

属します（民99条1項）。したがって、本人AがCに対し車の代金を支払う義務を負い、CはAに車を引き渡す義務を負います。

　代理人Bが本人Aのためにすることを示さずに売買契約を締結した場合（顕名をしなかった場合）は、原則として、自己のためにしたものとみなされます（民100条）。相手方Cからみれば、顕名がなければ、契約を締結した者に代金を請求できると思うのが普通だからです。ただし、相手方Cが、代理人Bが本人の代理人であるということを知っていたか（悪意）、普通であれば気付くであろうというときは、顕名のない代理行為も有効な代理行為として扱います（民100条ただし書）。

　それでは、図5-1において、Bが本人Aから代理権を与えられていないのに、Aの代理人であるかのように相手方Cと売買契約を締結した場合はどうなるでしょうか。

3）無権代理

　代理権を有しない者（無権代理人）が他人の代理人として契約等の法律行為をすることを無権代理といいます。無権代理行為は代理権を欠くため、原則として本人に対してその効果は帰属しません。したがって、前出のBが行った代理行為の効果は本人Aに帰属しません。

　ただし、無権代理であっても本人の「追認」がある場合（民113条1項）、あるいは、表見代理の場合（民109条・110条・112条）に限り、有権代理と同様、本人に効果が帰属します。

　(1)「追認」とは　　追認とは、代理権のない代理行為について、代理権があったと同じに扱う本人の意思表示です。つまり、後から無権代理人の行なった行為を代理行為として認めることです。追認は、当事者が別段の特約等、意思表示がないときは、契約の時に遡ってその効力を生じます（民116条）。

　(2) 無権代理人の取引の相手方の保護　　本人が追認するか追認を拒絶するか意思表示を明確にしない場合、取引の相手方は不安定な地位に置かれます。そこで、無権代理人の取引の相手方を保護するために、相手方は、①本人に対し、相当の期間を定めて、追認するかどうかを確答すべき旨の催告

をすることができ（民114条）、②本人が追認をしない間は、無権代理行為を取り消すことができ（民115条、ただし相手方は契約の時において代理権を有しないことを知らない場合に限る）、さらに、③無権代理人に対して、当該契約の履行を求めるか、損害賠償を請求することができます（民117条1項）。ただし、無権代理人が自己に代理権があることを証明した場合や、本人の追認を得た場合は契約の履行や損害賠償責任は負いません（民117条1項）。

4）表見代理

　無権代理のもう一つの態様として、無権代理が行われたことについて本人にも何らかの責任がある場合、無権代理人の取引の相手方が善意・無過失であれば、取引安全の観点から無権代理人の為した法律効果を本人に帰属させる制度があります。それを「表見代理」といいます。

　表見代理の態様としては、①代理権授与の表示による表見代理（民109条）、②権限踰越の表見代理（民110条）、③代理権消滅後の表見代理（民112条）が挙げられます。

　(1) 代理権授与の表示による表見代理　　これは、本人AがBに代理権を授与していないにもかかわらず、Bに代理権を与えたかのような表示を行い、それを信用した取引の相手方である第三者Cが、Bと売買契約等の法律行為を行った場合です。この場合、Aはその表示された代理権の範囲内においてBが行った行為の責任を負うこととなり、それによって第三者Cの保護を図っています（民109条1項本文）。

　ただし、代理権授与の表示があっても、第三者CがBに代理権が与えられていないことを知っていた場合、または、過失によって知らなかった場合は、本人Aにその効果は及ばず、Bが行った行為は無権代理となります（民109条1項ただし書）。

　(2) 権限踰越（権限外の行為）の表見代理　　これは、本人Aが、自己所有の建物の賃貸借契約についてはBに代理権を付与していましたが、Bがその代理権を越えてA所有の建物を第三者である取引の相手方Cに売却してしまったような場合です。この場合、AがBに与えていた賃貸に関する代理権を「基本代理権」とし、この基本代理権を越えてBが行った売買契

約を越権行為とします。このBの越権行為について、第三者CがBに代理権があると信ずべき「正当な理由」（善意・無過失と解します）がある場合、この売買契約の効果は本人Aに帰属します（民110条）。したがって、Aは不本意ながらも建物をCに売却せねばなりません。

（3）代理権消滅後の表見代理　これは、本人Aが、かつてはBに自己の土地の売買に関し代理権を与えていましたが、現在は代理権が消滅しているという場合、それにもかかわらず、BはAが回収し忘れた委任状等を利用して、第三者CとA所有の土地の売買契約を締結したような場合です。この場合、委任状を回収し忘れたAに落ち度があるため、本人Aよりも第三者Cを保護するために、代理権の範囲内においてBがCと行った売買契約についての責任を負うこととなります（民112条1項本文）。

したがって、Aは自己所有の土地を不本意ながらCに売却しなければなりません。ただし、Cが悪意であったり、過失によってBに代理権がないことを知らなかったときは、Aにその効果は及ばず、土地を売却する必要はありません（民112条1項ただし書）。

（4）代理権授与の表示による表見代理と権限踰越の表見代理の重畳（重複）適用　Aが自己所有の建物に関する賃貸借について、Bに代理権を与えていないにもかかわらず代理権を与えたかのような表示をし、それを信じてBと賃貸借契約をした第三者Cは、代理権授与の表示による表見代理（民109条1項）によって保護され、その契約の効果はAに帰属しました。それでは、このような場合にBがA所有の建物の売買契約をCと締結した場合はどうなるでしょうか。すなわち、代理権授与の表示による表見代理（民109条1項）と権限踰越の表見代理（民110条）の考え方を組み合わせた場合になりますが、このたびの民法の改正により、判例法理であったその答えが明文化されました。

この場合、代理権授与の表示による表見代理の責任を負うこととなるAは、表見代理人Bがその範囲を超えて代理行為を行った場合であっても、第三者Cが当該代理行為について代理権があると信ずべき正当な理由がある場合には、表見代理の責任を負うこととなります（民109条2項）。

(5) 代理権消滅後の表見代理と権限踰越の表見代理の重畳（重複）適用

それでは、Ａがかつては自己所有の建物に関する賃貸借についてＢに代理権を与えていましたが、いまは代理権が存在しないにもかかわらず、ＢがＡの代理人として、Ａ所有の建物につき第三者Ｃと売買契約を締結した場合はどうなるでしょうか。すなわち、代理権消滅後の表見代理（民112条）と権限踰越の表見代理（民110条）の考え方を組み合わせた場合になります。

かつてＢに賃貸借につき代理権を与えていたＡは、代理権の消滅後に、その代理権の範囲内においてＢが第三者Ｃとの間で行為をしたとすれば民法112条１項に基づき責任を負う場合において、Ｂが第三者Ｃとの間で賃貸借契約を超える売買契約をしたときは、第三者Ｃがその行為（売買契約）についてＢに代理権があると信ずべき正当な理由があるときに限り、その行為についての責任を負うこととなります（民112条２項）。

■発展課題

1　意思の欠缺と瑕疵ある意思表示に該当するそれぞれの意思表示について、事例を設定し説明してください。
2　Ａは妻Ｂと子Ｃを残し、Ｙの過失に基づく交通事故によって死亡しましたが、ＣはＡの死亡時、胎児でした。ＢはＣが出生する前にＣを代理してＹに損害賠償請求をすることができるでしょうか。停止条件説と解除条件説、いずれの説が妥当かを考えて論じてください。
3　表見代理の態様について、事例を設定し説明しましょう。

■参考文献

内田貴『民法Ｉ〔第４版〕』東京大学出版会、2008年
山野目章夫『民法〔第７版〕総則・物権』有斐閣アルマ、2020年
我妻榮・有泉亨ほか『我妻・有泉コンメンタール民法 第６版 総則・物権・債権』日本評論社、2019年
大村敦志『新　基本民法　総則編〔第２版〕』有斐閣、2019年
中田裕康・潮見佳男・道垣内弘人編『民法判例百選Ｉ　総則・物権〔第６版〕』有斐閣、2009年

潮見佳男『民法（全）第2版』有斐閣、2020年
道垣内弘人『リーガルベイシス民法入門〔第3版〕』日本経済新聞出版、2020年
内田貴『改正民法のはなし』民事法務協会、2020年

6章

事故と法的責任

　事故というとどのような事故を連想するでしょうか。運転免許を取得し自動車を運転すると、自動車事故に遭遇する確率が高くなると思います。自宅の車庫で車をぶつけてしまったような場合には（自損事故）、自分で修理代金を負担すればそれでよいのです。しかし、車同士の事故であれば双方の修理費をどちらがどれだけ負担するのかを決めなければなりませんし、相手方に怪我を負わせ、万が一にも死亡させた場合には、さらに複雑な問題が生じてしまいます。このように他人に損害を与えた場合、民事上の責任として、加害者は被害者に生じた損害を賠償する義務を負い（民法709条、以下、民）、刑事上の責任として自動車運転過失致死傷罪（自動車運転死傷処罰法5条）により刑罰を受けることもあるのです。

　また、本書が読者として想定する大学生であれば、幼稚園、保育園、小・中・高校の教員免許の取得を目標とする学生も多いと思います。これら教育の現場においても子供たちが命を落とすような重大事故が数多く発生していることは、報道等で知っているでしょう。

　幼稚園、保育園では園児の年齢が低いことから、通常では考えられないことをきっかけに重大事故が発生してしまいます。このような事故の場合、自動車事故と同じように被害者はその賠償を請求することができますが、誰がどのような責任を負うのでしょうか。また、小・中・高校では、いじめが原因で児童・生徒が自殺するという問題が後を絶ちません。いじめの場合、自動車事故と同じようにいじめた加害者にも法的責任が生じますが、いじめを放置した小・中・高校の先生や施設の設置者に対してはどのような責任追及が可能なのでしょうか。

1　自動車事故と法的責任

1）民事的責任の追及

　自己の責任で相手方の自動車を損壊（物損事故）させ、怪我または死亡させてしまった場合（人身事故）は、事故から生じる損害の賠償責任を負うことになります。しかし、当事者間に賠償内容について合意が成立しなかった場合など、被害者が加害者の自宅に押しかけ、損害を回復するため金品を奪い取るようなことを放任していたら、社会は大混乱してしまいます。

　そこで国家は、このような自力救済を禁止する代わりに、両当事者間の利害の調整に対して裁判上の保障を認めています。賠償についての合意が成立しない場合、訴訟を提起し裁判官による調整を経た判決として賠償命令が下されるのです。

　民法 709 条は、「故意又は過失によって他人の権利又は法律上保護される利益を侵害した者は、これによって生じた損害を賠償する責任を負う」と規定しています。709 条は、損害賠償請求を行う根拠規定で、交通事故に限らず様々な場面で用いられる重要な規定であるので、必ず理解する必要がある最重要の規定です。

　通常の交通事故は運転者の故意（わざと）ではなく、過失（うっかり）で発生するのですが、たとえ過失であっても、事故によって生じた自動車の損壊、怪我の治療費・後遺障害、死亡はまさに「他人の権利又は法律上保護される利益を侵害」したことになり、賠償責任を負うということになります。

　一般的な損害賠償請求の場合、加害側の故意または過失の有無が問題になるのですが、交通事故では運転者双方に過失が存在するケースがほとんどです（過失の認定方法については後述）。

　数少ない例外を挙げるとすれば、赤信号で停止していた車に後方から追突した事故の場合、追突された車は信号に従って停止しており、後方から追突してくる車を回避することはできません。追突した側の一方的な過失が事故原因であり、追突された側の過失は問われないのです。

　（1）過失相殺　　交通事故に相手方がいる場合には、当事者のどちらに

どれだけ過失があったのか明らかにする必要があり、それぞれの過失の割合に応じた賠償義務が生じます（民722条2項）。

　自動車と歩行者の事故では、歩行者に重大な損害が生じる傾向があります。そのような観点から自動車の運転者は歩行者よりも、重い注意義務を負っているのです。高速道路などの自動車専用道路に歩行者が突然飛び出してきた場合、運転者の過失割合は低くなります。しかし、近くに小学校がある場所で登下校時に事故が発生した場合、運転者には、交通ルールに疎い児童が突然飛び出してくることを予測した重い注意義務が求められるので、事故原因が突然の飛び出しであっても運転者の過失は大きくなってしまいます。

　自動車同士の事故の場合、当事者の負う注意義務は同程度であるので、単純にどちらがどれだけうっかりしていて事故発生の原因となったのか、という問題になります。例えば、信号のない交差点で出会いがしらの衝突事故が発生した場合、通常そのような交差点ではどちらかに「一時停止」の標識があり、その標識を無視して優先権のある道路に侵入した側に、より大きな責任が生じることは理解できると思います。しかし、優先道路を直進してきた側にも、優先道路に侵入してくる自動車があるのではないか、と予測をした慎重な運転が求められるので（実際には難しいのですが）、過失がまったくないとはいえないのです。

　(2) 過失相殺の実際　　仮に、過失割合が3対7の場合、過失割合が3とされた側の損害が100万円であれば、相手方からその7割である70万円の賠償金を受け取ることができるというしくみです。反対に、過失割合が7割とされた側は、発生した損害額の3割しか受け取ることができないことになります。

　わが国は自動車事故の保険制度が充実しており、公道を走る条件として自賠責保険への加入が義務づけられています。また、自賠責保険は人身事故のみが対象で支払いの上限額が3000万円と低いことから、上限額を超える賠償や対物事故にも対応する任意保険への加入率も高くなっています。結果として、この過失割合は保険会社の担当者間の相談で、警察による実況見分（事故の調べ）の調書をもとに決せられることがきわめて多くなっています。

(3) **損害額の算定**　　事故を原因として生じた損害のすべてを金銭的に換算したものが損害額となります。物損事故の場合、自動車の修理代金などは比較的簡単に算出が可能ですが、人身事故による休業補償、後遺症に要する費用、死亡事故などの損害の算出には困難が伴う場合もあります。しかし、保険制度の充実により、賠償額の算出基準となる指標が公表されており、およそその指標に基づいて算出されています。

　死亡事故の場合、被害者が生存していたら得られたであろう利益、すなわち「逸失利益」を算定する必要があります。算定にはまず、被害者が生存していたら得られたであろう「基礎収入額」を算出します（50歳で死亡し67歳が定年退職の場合は、年収×17年の勤労期間＋その他の収入）。そしてその金額から、本来であれば17年間に渡って得られる利益を、事前に一括して受け取ることから、その分の中間利息が控除され、さらに、生存していたら必要となった生活費も差し引かれて算出されるのです。また、死亡した側にも過失が認められるのであれば、前述した過失相殺により割合に応じて減額されます。

　かつて専業主婦は算出の基礎となる給与収入がなく、また女児の場合、将来専業主婦となることを前提に、賠償額が低く見積もられることもありましたが、現在は平均賃金をもとに算出されておりその不公平は解消されています。

２）刑事的責任の追及

　刑事的責任とは、事故加害者に対し刑罰を科すことで、犯罪者に対して罪を償わせ改心させることと、社会全体に対して犯罪を抑止する効果が期待されています。民事的責任の賠償責任はあくまで両当事者の利害調整であり、懲罰的目的はありません。

　自動車の運転により他人を傷つけ（致傷）または、死亡させた場合（致死）、かつては旧刑法211条2項「自動車運転過失致死傷罪」、同208条の2「危険運転致死傷罪」に基づいて処罰されていました。しかし、自動車事故には様々な発生原因があり、まさに「不慮の事故」といえるものから、飲酒運転、暴走行為により重大事故が発生することもあるのです。また、近年では飲酒運転による処罰を回避するため、いったん事故現場を離れてアルコール濃度

が薄れてから自首するような悪質なケースも問題となっています。

　そこで様々な交通事故を想定した特別法が必要となり、2013 (平成 25) 年、自動車運転死傷処罰法が施行され、旧刑法の規定も新法に移管されています。

　同 5 条に規定される自動車運転過失致死傷罪は 7 年以下の懲役もしくは禁錮または 100 万円以下の罰金を規定することから、事故の原因となった過失の程度とその結果が重ければ、刑務所に服役することも考えられます。

　(1) 刑事処分の実際　　しかし、実際に起訴される件数は全体の 10％程度といわれており、そのほとんどが不起訴処分となっています。その理由としては様々あるのですが、指摘したように事故の賠償の多くは保険で行われ民事的責任については果たされていること。損害賠償を行う際に交わされる和解契約の内容を記した示談書において被害者が加害者の刑事的処罰を求めないという寛大な意思を表示することが多いこと、などが指摘されています。

　軽微な人身事故は膨大な件数が発生しており、そのすべてを起訴することは物理的に不可能で、死亡事故といえども両当事者間に和解が成立し、もはや刑事罰を科す社会的要請がないと考えられる場合には不起訴となる傾向が強いのです (起訴便宜主義)。

　しかし、たとえ示談が成立していても、ひき逃げや、飲酒や薬物を摂取しての運転、そしてそれを隠蔽するために現場からいったん逃走したような悪質な事件では、起訴され有罪判決が下ることがあります。このような悪質な事例まで不起訴にしたら、社会全体に対して犯罪の抑止効果がなくなってしまうので、不起訴になることはきわめて少ないのです。

　(2) 刑事的責任と行政上の責任　　信号無視や一時停止の標識を見落とすような、比較的軽微な道路交通法に違反で摘発された場合、「交通反則通告制度」が適用され、「交通反則告知書」(通称、青キップ) が交付されます。そして、命じられた反則金を金融機関で納付すれば、その違反行為は刑事事件として扱われず、未成年者の場合は、家庭裁判所の審判に付されなくなる制度です。軽微な交通違反のすべてに対し、刑事裁判手続きを行うことは現実的ではない、という観点から 1968 (昭和 43) 年に導入されています。

　この反則告知が行われる際に、違反した内容によって 1 点、2 点という違

反点数が課されることを聞いたことがあると思います。軽微な違反行為でも繰り返し摘発され、違反点数が累積して6点に達すると「免許停止」という行政上の処分を受けるのです。また、ひとつの違反行為の反則点数が6点に達する比較的重い違反の場合、通称「赤切符」が交付されます。赤切符が交付された場合、免許停止になり、違反行為に対する刑事的責任の追及が行われ、判決手続により罰金が命じられることになります。

　人身事故の場合、最も軽微な事故であれば2点、死亡事故の場合は20点の違反点数が課され免許取消しとなります。飲酒運転など悪質な違反では一度の違反で35点の違反点数が課され、免許が取消されるとともに、3年が経過しなければ再び免許を取得することを認めない「欠格期間」が設定され、非常に重い行政上の責任を負うのです。

2　幼児教育・保育機関における事故と責任

1）幼保管理下の事故の特徴

　幼稚園、保育園に通う園児が死亡するという事故も多く発生しています。

　遊具による事故、散歩等の園外活動をきっかけとした事故、プールにおける溺死、特に0歳児のうつぶせ寝による窒息事故は広く知られています。

　幼保管理下の事故に特徴的なのは、その対象となる園児の年齢が0歳から5歳までであり、園児たちに事故の責任を負わせることができません。つまり、園児たちが遊具で遊んだり、プールに入るときに幼保教員が繰り返し注意事項を指示したとしても、園児たちはその注意を守らなかったらどのような危険が生じるのか、完全には理解できないからです。

　このように、原因と結果の関係（因果関係）を理解できない状態を「意思能力」がない状態といい、意思能力のない者に法的責任を追及することはできないとされています（民3条の2）。

　例えば、通園かばんをかけたまま滑り台で遊び、かばんが途中で引っかかり、そのベルトで首が絞まって窒息する事故が発生したことがあります。その理屈は単純なので、園児といえどもある程度の年齢になれば理解できるでしょうが、すべての園児が理解できるかというと疑問があります。

事故が発生した場合、施設側は「常日頃から言って聞かせて注意していた」と主張するケースも見られるのですが、重要なのは、子供たちの個性を理解し、かばんを首からかけたまま滑り台を使用させない、しているのならば直ちに止めさせるよう常に現場で監視し、事前にかばんが引っかかりそうな部分をチェックし改修する等の対策を実施していたかどうかということなのです。

　これまで、幼保管理下で発生した死亡事故について、その発生原因が組織的に調査された事例が少ないことから、内閣府は 2016（平成 28）年 3 月、保育所や幼稚園などで起きた死亡事故について、「教育・保育施設等における事故防止及び事故発生時の対応のためのガイドライン」を策定し、都道府県や市区町村が第三者による検証委員会を設置し、原因の分析や再発防止策を検討するよう通知を出しており、今後事故データの集積が進み事故対策の一助となることが期待されています。

２）民事的責任の追及

（1）民法 709 条「不法行為」に基づく損害賠償請求　　自動車事故で説明した民法 709 条について少し詳細な説明をします。

　損害賠償請求には、事故が発生しないように注意する義務を負う側に「過失」が存在し、その過失が原因で事故が発生した（因果関係）ことを、賠償請求する側が立証する必要があります。

　施設側が損害賠償請求を回避する手段としては、自らに過失がなかったことを証明する必要があります。具体的には、指導日誌による園児たちの記録、ヒヤリ・ハットマップ、安全管理マニュアルの作成と更新を定期的に行っていたこと、もしあれば防犯カメラなどの録画を用いて証明することになります。

　過失の認定には、その事故の予測が可能であったのか否かという「予見可能性」と、事前に予防措置をとっていれば、その事故発生を回避できたのか否かという「結果回避可能性」という 2 つの判断基準が重要となります。

　例えば、いつか巨大地震が発生するという予見は可能で、施設側は大地震に備えた対策として耐震補強工事や非難訓練を実施していたとします（予見

可能性あり）。しかし、実際に巨大地震が発生して園舎が倒壊して死傷者が発生したとしても、施設側は事前にできる限りの対策を行っていたし、園舎が倒壊するほどの大地震であれば死傷者が発生することは避けられません。つまり、予見可能性はあっても結果可能性がなかったと判断されれば、施設側の地震対策に過失はなく民事的責任を負うことはありません。

（2）**過失がないのに発生した事故**　「不慮の事故」という言葉があります。施設側に過失がないのに園児たちの身に事故が生じた場合ですが、本当にそのような事故は存在するのでしょうか。

見渡す限り雲ひとつない晴天で、園児たちと散歩をしていたら落雷があり死亡事故となってしまった……。まさに晴天の霹靂（へきれき）という状態くらいしか考えられないでしょう。

プールにおける溺死事故は、現場の幼保教員が園児たちから目を離した、一瞬の隙に発生するのです。四六時中園児たちすべてから目を離さないということは、現実問題として不可能かもしれませんが、プールという事故が比較的発生しやすい環境下での、「一瞬の隙」が生じたことが過失と判断されてしまいます。

通常発生する事故の場合、これまで事故の発生を予測することが困難だったと認められたことはほぼありません。園児が死亡するほど重大な事故が発生した場合、賠償責任の回避は困難と考えるべきでしょう。

（3）**民法415条「債務不履行」に基づく損害賠償請求**　幼稚園、保育園と父母との間にはその施設を利用する契約が締結されます。

その契約に基づき、父母は施設に対して利用料金を支払いますが、施設はその対価として園児が安全に保育を受けられるよう注意する、「安全注意義務」という義務（債務という）を負うのです。事故が発生し園児に損害が生じた場合、施設側はこの債務を果たしていない、債務不履行という状態が生じていることになります。

債務不履行には3類型があり、契約の履行時期より履行が遅れている状態を「履行遅滞」、契約した内容と異なる履行が行われたことを「不完全履行」、そして契約した内容の実現が不可能になっている場合を「履行不能」と規定

します。履行されない場合は、契約を解除し、生じた損害の賠償を請求できます。

　幼保管理下の事故の場合、園児の安全を確保する義務を負いながら、事故が発生したということは、契約の不完全履行状態と見ることができるのです。

　(4) 債務不履行責任のメリット　　民法 415 条は債務不履行を原因とした損害賠償を認めているので、同 709 条とともに損害賠償の請求根拠となります。請求する側はどちらかを選択して賠償請求を行えばよいのです（請求権の競合）。

　債務不履行に基づく損害賠償請求のメリットとしては、賠償を請求する父母は、施設側の債務不履行の存在を立証するだけで訴訟の提起が可能で、不法行為に基づく損害賠償請求のように、施設側の「故意・過失」を証明しなくてもよいのです。ただし、施設側は、「自分たちには責任はない」（無過失という）と主張してくるので、父母はその無過失の主張を崩し、過失があったことを証明しなければならず、結果的に両者の証明責任に大きな違いはありません。

　賠償請求の請求権の行使期間については、不法行為に基づいた賠償請求は、損害の発生と加害者が誰であるのか知ったときから 3 年（生命・身体を害する不法行為は 5 年間）、知らない（わからない）場合には、不法行為の時から 20 年が経過すると請求権を行使することができなくなります（民 724 条・724 条の 2）。しかし、債務不履行に基づく損害賠償の請求は、契約上の請求権なので、生命・身体への損害でなくても、賠償請求できることを知った時から 5 年間行使が可能です。また、請求権を行使可能な時から 10 年の行使が認められ（同166 条 1 項）、さらにその損害が、生命・身体に関わる場合には、20 年の行使が認められています（同 167 条）。本章で想定している事故は、生命・身体に損害が及ぶ重大なものなので、結果的に債務不履行と不法行為に基づく損害賠償請求の行使期間に違いは生じないのです。

　多くの場合、施設側は過失の有無の証拠となる指導日誌、安全管理マニュアルや、関係者の証言について把握していますが、父母側はそれらの情報入手が困難な場合も考えられます。施設側がそれらの証拠をはじめに開示して

くるという観点からすると、債務不履行による損害賠償請求を追及する意義があるといえるかもしれません。

(5) 民事的責任の対象者　　幼保管理下の事故では、園児に責任を負わせることができないことは指摘した通りです。もちろん園児の父母にも子供の監督責任はあり、「先生たちのいうことを聞きなさい」と教育し、見守る義務もあります。しかし、園児たちが危険な行為を行ったとしても父母は現場にはおらず、直接注意することは不可能であり、監督責任を負うことはほぼ考えられません。

すると、事故の責任を負うべきは施設側であり、その対象者としては、実際に園児を監督していた現場の幼保教員、現場の幼保教員を指導・監督する立場の主任教員、幼保教員すべての監督責任を負う園長、そして園長を含めたすべての監督責任を負う施設の設置者が、共同して責任を負うことになります（民715条、使用者責任）。

それでは、父母は施設側の誰に対して損害賠償を請求すべきでしょうか。

施設側の賠償責任を負うものは、被害者に対して「不真正連帯債務」を負うと考えられています。少し難しい考え方ですが、通常の連帯債務のことを「真正連帯債務」といいます。もし施設側の責任を真正連帯債務とすると、事故の現場で実際に指導に当たっていた幼保教員が、大学を卒業したばかりで賠償能力がないことから、父母が損害賠償請求を免除した場合、免除の効果はその他の責任あるものにもおよぶので、すべてが免除されるおそれがあります。不真正連帯債務の場合、現場の幼保教員が免除されたとしても他の責任を負う者が免除されることはありません。

すなわち、父母は施設側の誰に対して損害賠償を請求してもその責任と効果は変わらず、実際には、私立の場合は施設の設置者である社会福祉法人などの「園」に対して、施設が公立である場合は設置した県や市区町村（国家賠償法については後述）を請求対象とする場合が多いのです。

(6) 損害賠償の実際　　損害賠償は自動車事故同様、園が加入している共済保険その他、損害保険で支払われます。事故が発生した場合、最も重要なのは、まず事故原因を明らかにして、速やかに今後の改善策を策定し、保

険会社を通じた損害賠償金の支払いと示談交渉を行うということです。

　事故の責任を認めずに証拠を隠滅したり、原因究明が遅れた、もしくは判明しない場合、被害感情が増大し1億円を超える損害賠償請求が行われるケースもみられます。園児の場合は、逸失利益の算定が困難であることから、賠償額は、過去の裁判例で認められた額の平均として、およそ5000万円程度と考えられています。したがってその額を大きく超過した請求を受けた場合、保険会社も支払いを拒否するので、当事者間の合意（示談）の成立は難しくなります。民事訴訟を提起して司法の判断を仰ぐことになりますが、当事者間に示談が成立していない場合、現場で監督に当たっていた教員個人の刑事的責任が追及される可能性が高くなる傾向があるので、注意が必要です。

3）刑事的責任の追及

　刑法211条前段に規定される業務上過失致死傷罪に基づき、5年以下の懲役もしくは禁錮又は100万円以下の罰金が科されることがあります。

　「業務」とは、社会生活上の身分を前提として日常繰り返し行う行為のことで、金銭の授受は関係ありません。簡単にいうと幼保教員は幼保教員という社会的身分に基づいて繰り返し子供たちを世話しているのであり、仮に無償で行っていても業務に該当します。学生が「ボランティア先生」として夏休みなどに幼稚園、保育園に手伝いに行くケースも多いと思いますが、ボランティアといえども、ボランティアという社会的身分を前提として、繰り返し行うのであれば業務とみなされ、通常の過失致死傷罪（刑法209条1項・210条）よりも重い責任を負うこととなります。

　業務上過失致死傷罪が適用される判断基準としては、民事上の責任である損害賠償と同じく、その事故における「過失」の有無です。

　その事故が予測可能で（予見可能性）、事故への対策を整えていれば回避できた（結果回避可能性）にもかかわらず、対策を怠っていたと認められた場合、刑事上の責任が認定されるのです。

　ただし、刑事上の責任の追及は、事故を発生させた責任ある者に対し、個別に「懲罰」という国家による制裁を加えなければ社会正義が保たれない場合に限定される傾向があります。同一事件で、民事裁判ではその過失が認定

され損害賠償の判決が出されても、刑事事件としては不起訴処分とされたり、刑事裁判が行われても無罪判決が下される場合もあります。刑事処分を受けるということは懲役、禁固、罰金という重い制裁を受けるということなので、刑事的責任の判断はより民事的責任の判断より一層厳格に行われるのです。

かつて、事故の証拠を組織的に隠滅した事件の刑事裁判において園長と主任教諭に執行猶予のついた禁固刑が下されたことがあります（新潟地裁長岡支部判平23年4月28日）。なお、その後被害者との示談が成立し、高裁判決では罰金刑に減刑されています（東京高判平22年7月27日）。

3　学校教育機関における事故と責任

1）小・中・高校における事故の特徴

小学校入学は6歳で、高校卒業時は18歳であり、その期間は12年間と長期間にわたります。幼保管理下の事故と異なり、年齢が高くなれば子供に事故の責任の一部を負わせたり、加害行為の責任を子供自身が負う可能性が生じるのです。

指摘したように、自分が行った行為がどのような結果を招くのか理解する「意思能力」が備わる年齢は、これまでの裁判例ではおおよそ7歳から10歳と判断されています。

また、自分の行為が違法なものとして非難される、ということを理解する能力を「責任能力」といい、責任能力が備わっていなければ民事上の責任を負うことはないと規定されています（民712条）。この責任能力はおよそ12歳程度で備わると考えられていますが、これらの能力が備わる年齢には個人差も大きく、特に小学校低学年であればあるほど、個人の能力など様々な点を具体的に考慮して個別に判断されるのです。

いじめを想定すると、自分たちの行為がいじめであること、そしていじめの対象がいじめを原因として自殺等を行うかもしれないという危険性を、小学校低学年であれば認識できていないかもしれませんが（意思能力なし）、中学生にもなれば自分たちの行為はいじめであり、いじめは重大な結果をもたらすこと（意思能力あり）、そしていじめは非難されるべき行為であること

いじめをなくすには？

　2015（平成27）年、当時中学校3年生の生徒がいじめを苦に自殺しました。調査を行った市の教育委員会は一貫していじめはなかったと主張しましたが、文科省にいじめの調査を強く指示されると、一転してその存在を認め謝罪するという、前例のない経過をたどりました。

　この事件で注目されたのが「いじめによる重大事態」というキーワードです。

　2013（平成25）年6月、「いじめ防止対策推進法」が施行されています。この法律はいじめたものに罰を与えるのではなく、教育機関に対し、いじめ防止対策を推進することを義務づけ撲滅を図る法律です。

　同28条は、いじめにより児童等の生命、心身又は財産に重大な被害が生じた疑いがあると認められる場合を「重大事態」と定義し、その重大事態に対処し、今後同様な重大事態の発生防止のため、調査委員会などの組織体を設置し、重大事態の事実関係を明らかにする、ことを義務づけているのです。

　教育委員会はこの規定を無視しました。「いじめではなかったので調査しなかった」という理屈です。法律はその運用次第で、まったく効果が発揮されないことを強く印象づける事件でした。

　その後文科省は、2017（平成29）年3月「いじめの重大事態の調査に関するガイドライン」を公表し重大事態の詳細な定義づけと、重大事態が生じた場合の対応マニュアルを整備しており、いじめ対策に取り組む姿勢を見せています。

（責任能力あり）を年齢とともに理解していくのです。

　また、一般の事故の場合小学校高学年、中学、高校になれば、教師の注意を聞かずに勝手な行動をとり、事故につながった場合には、自分の勝手な行動が事故につながることを予測できる能力を持っているとして、子供たちにも法的責任が生じるのです。

2）民事的責任の追及とその対象

　（1）子供の責任　　指摘したように小学校低学年の場合に問題になるのは、子供たちに意思能力と責任能力が備わっていたかどうかという点です。小学生であれば、教員等の注意を聞いていなかったこと（過失）を原因とし

て重大な事故が発生した場合、その児童がどの程度教員の注意を理解する能力があるのかで、児童本人が負わなければならない責任の軽重が決定されます。実際には、損害賠償請求が行われた場合に過失相殺の形で子供の責任割合として判断されることになります。

　9歳の児童が子ども会の川遊びに際して溺死した事故の民事裁判で、子ども会の引率でリーダー的役割を果たしていたボランティアに対し、組織的監視が行われなかったとしてその過失を認定し損害賠償を認めた一方で、9歳にもなれば水遊びの注意事項について理解する能力があり、その注意に従わなかった結果事故が発生したとして子供の過失割合を8割として過失相殺した判決もあります。ボランティア活動なので引率者の過失割合が低く評価されたという点を考慮しても、児童本人の責任を重く認めているケースです（津地判昭58年4月21日判時1083号134頁）。

　(2) 父母の責任　　小学校低学年で責任能力が備わっていないのであれば、子供は損害賠償などの民事的責任を負うことはなく（民712条）、代わりに監督義務者である父母が損害賠償責任を負いますが、監督義務者がその義務を怠らなかった場合は責任を免除されると規定されています（民714条）。例えば、責任能力の備わっていない小学生が、体育の時間に突然校庭から飛び出して通行人を転倒させたような場合、父母にも飛び出さないように教育する義務はあるのですが、校庭から飛び出さないよう防止する義務はむしろ学校側が負うべきで、父母の責任が問われないケースです。

　民法714条の規定は、中学、高校生など責任能力が十分に備わっている場合には適用されません。では、被害者側は加害行為を行った子供に対し、民法709条に基づく賠償請求ができるかというと、理論上は可能ですが、収入がなく賠償金の支払い能力がないことから実効性のない請求となってしまいます。このような場合、監督義務者である父母の教育と、子供たちの加害行為について因果関係がある場合に、父母に対して損害賠償を請求することが可能です。

　自殺に至るほどのいじめであれば、そのいじめが学校内に限って行われることは考えにくいでしょう。学校内で行われているいじめについては学校側

が察知し、防止する義務を負いますが、帰宅した後に継続されるいじめについては家庭にも防止する義務があり、いじめた側の父母も賠償義務を負うことになります。

しかし、いじめは高学年になるほど巧妙化し、SNSや裏サイトまで活用したいじめを家庭で察知することは困難な場合も多くなっています。

(3) 学校側の責任と国家賠償法　施設側に事故についての「過失」があれば不法行為（民709条）、契約関係の存在を前提とすれば債務不履行責任（民415条）に基づく損害賠償責任を負うことになります。

ただし、施設が国または地方公共団体が設置した「公立」学校の場合、国家賠償法（国賠法）が適用され、勤務する教員等は、たとえ過失があったとしても被害者に対して個人的な損害賠償責任を負わず、施設の設置者がその責任を負うことになります。

国家賠償法1条1項は、「国又は公共団体の公権力の行使に当る公務員が、その職務を行うについて、故意又は過失によつて違法に他人に損害を加えたときは、国又は公共団体が、これを賠償する責に任ずる」と規定しています。例えば、消防士が火災を消火する際に、延焼していない家屋を破壊することがあります。このような破壊行為に対して、消防士が個人的に賠償責任を負うのであれば、消火活動が萎縮してしまうでしょう。国家賠償法1条は本来、公務員による公務の執行が萎縮しないように規定されたのですが、公立の学校に適用された場合、教員の無責任につながるという批判もあります。その歯止めとして、同2項において、「公務員に故意又は重大な過失があつたときは、国又は公共団体は、その公務員に対して求償権を有する」と規定し、公務員の重大な過失が事故原因となった場合には、国、地方公共団体が支払った賠償額をその公務員に請求するという規定も設けられています。

3）刑事的責任の追及

(1) 子供の責任　身体的に直接的な加害行為があるような場合、未成年であっても刑事罰を受ける可能性があります。未成年は刑事罰を受けないという誤解があります。たしかに少年法の規定では、13歳までは刑事罰は受けないのですが、中学校に入学する年齢になれば（おおむね12歳から）少年

院に送致される可能性があります。また、少年法が厳格化され現在では14歳から刑事的責任を負う可能性があります。

　少年事件は検察からまず家庭裁判所（以下、家裁）に送られ家裁が少年を調査します。その結果、家裁が刑事処分を相当と判断すれば、家裁からふたたび検察に送致され、刑事処分を前提とした取調べが行われるのです（少年法20条1項）。一般的にこのような手続を「逆送」といいます。いじめといっても暴行を加えれば傷害罪（刑204条）、死亡した場合には傷害致死罪（刑205条）、金品を脅し取るような場合には恐喝罪（刑249条）、「死ね」と執拗に迫るような行為は自殺関与罪（刑202条）が成立する可能性があります。

　(2) 学校側の責任　　すでに述べていますが、事故の発生について学校の担当教員等に「過失」があれば業務上過失致傷罪の適用が考えられます。

　いじめが原因で子供が自殺したケースでよく見られるのが、記者会見や学校が提出した報告書において、「いじめの事実を把握していなかった」という主張です。実際に自殺者が発生したのだから、把握していなかったこと自体が「過失」と糾弾されても仕方ないと思いますが、理論上、いじめを把握していないのだから、いじめを原因とした自殺を予測することが不可能であったと主張しているのです。つまり、自殺するという「予見可能性」がなかったということです。また、「いじめではなく単なる悪ふざけ」という説明を行う場合もみられます。悪ふざけ程度で生徒が自殺するはずがない、同様に自殺の予見可能性がなかったという主張です。

　父母からいじめの相談があったような場合、学校側は「いじめの事実は確認し対応していたが、自殺するとは考えていなかった」と主張する場合があります。これは、いじめの存在を認めながら、自殺との因果関係がなかったことをほのめかす表現です。自殺の原因がいじめのほかにあり、学校側の責任はなかったと主張しているわけです。

　いずれにせよ、学校側の答弁は計算されたもので、被害者の感情を逆なでするケースが多く見られます。確かに、中学、高校になれば加害生徒の責任も重くなるので、学校側が全面的な責任を問われないような事故も多く発生するでしょう。公立学校の教員は国家賠償法により民事上の責任は直接負わ

ない場合もありますが、刑事的責任は回避することはできないのです。幼保の事故と同様、事故の原因究明と再発防止策を早急に行い、民事的責任を果たすことが重要と考えます。

4　教育機関での事故を防止するために

2017（平成29）年3月27日、栃木県立大田原高校の山岳部が雪山で雪中訓練を実施していた際、雪崩に遭遇し教員を含め8名が死亡する事故が発生しています。現場は季節外れの猛吹雪で積雪が多く、過去に雪崩が頻発していた場所であり、なぜそのような訓練が行われたのか。脱稿時点において、担当教員等に業務上過失致死罪の適用を視野にした検察による調査が続けられています。

また、宮城県石巻市立大川小学校では、東日本大震災の津波により、校庭に集合していた児童78名中74名、教員11名中10名と待機中のスクールバス運転手1名が死亡するという学校管理下における戦後最悪の惨事が発生しています。津波浸水ハザードマップでは浸水対象外の地域とされており、学校周辺の集落でも多くの死者が発生したことから、周辺の住民の間には津波は来ないという認識があったのかもしれません。しかし、地震発生から津波が到達するまで50分程度の時間があり、先生が子供たちを小学校の裏山に避難させていれば多くの命が救われた可能性があるのです。その一方で、同市立門脇小学校では地震後、ただちに裏山に避難を開始し当時校内にいた275名全員の命が助かっています。

学校指導下では、子供たちは自分たちの判断ではなく現場の教員の判断に従うほかありません。裁判所は一貫して、学校の設置者である県と石巻市、学校の過失を認め、国賠法に基づいて、県と石巻市に損害賠償を命じています（仙台高判平成30年4月26日判例時報2387号31頁、最決令和元年10月10日）。

2011年7月神奈川県大和市の幼稚園で発生した、水深わずか20センチ程度のプールで園児が溺死した事故において、施設と担任に対して監視体制に過失があったとして損害賠償が認められるとともに（横浜地判平29年4月12日）、担任で実際に監視を担当していた教諭に対して、業務上過失を認め罰金刑が

言い渡されています。

　幼保を含め教育機関では様々なきっかけで事故が発生し、子供たちの命が失われています。事故をおそれて教育活動が萎縮してはならないのですが、教育者はあらゆる事象に対して、常に万全の対策を講じ、いかなる緊急事態にも適切に対応する判断力が求められているのです。

■発展課題

1　幼保、学校管理下ではどのような事故が発生しているでしょうか。その発生原因について調査してみましょう。
2　内閣府ホームページより「教育・保育施設等における事故防止及び 事故発生時の対応のためのガイドライン」を入手し、事故発生原因の検証方法について調査してみましょう。
3　宮城県石巻市のホームページなどから、大川小学校事件事故調査報告書を入手してその検証結果について調査してみましょう。

■参考文献

古笛恵子編著『保育事故における注意義務と責任（改訂版）』新日本法規出版、2020 年
俵正市『学校事故の法律と事故への対応（第 3 版)』法友社、2015 年
内野令四郎『防げ！学校事故』第一法規、2016 年
松井茂記他『はじめての法律学（第 6 版)』有斐閣、2020 年

7章

労 働 と 法

　本章では、労働を中心にして成り立つ人と人の関係を規律する法の領域を扱います。労働法の対象となる労働者とは、「職業の種類を問わず事業者に使用される者で、賃金を支払われる者」とされています（労働基準法9条）。「使用される」とは、使用者の指揮命令を受けてその支配下で働くことです。「賃金を支払われる」とは、そのような労働への対価として報酬を受け取ることを意味しています。

　労働法の基本原則は憲法に規定されています。憲法27条1項において、「すべて国民は、勤労の権利を有し、義務を負ふ」と定め、国民が勤労の義務を負うとしています。これは、国民が強制的に勤労させられるという意味ではなく、勤労権を保障しています。この勤労権は、国に対して勤労の機会またはそれに代わる生活費の支給を求める権利と解されています。

　憲法27条2項において、「賃金、就業時間、休息その他の勤労条件に関する基準は、法律でこれを定める」と規定されています。これは労働条件を、使用者・労働者という労働契約の両当事者に任せきりにするということではなく、国が基準を定めるということを意味するものです。

1　労働法とは

　労働法は、民法や刑法などとは異なり、労働法という独立した法律があるわけではありません。憲法25条・27条・28条で保障されている権利を頂点とし、個別的労働関係法の領域の法令・集団的労使関係法の領域の法令・雇用保障法の領域の法令の3領域から成る分類に大別されます。個別的労働関係法の領域とは、労働を中心に生じる労働者と使用者の個別的な合意による

つながりに関する法令を扱います。労働契約法、労働基準法、最低賃金法などです。集団的労使関係法（労使関係法）の領域とは、労働は工場や事業所などにおいて組織的に行われることが通常です。その労働団体と使用者との利害調整を図る法令を扱います。労働組合法、労働関係調整法などです。雇用保障法の領域とは、労働者の安定した雇用と生活保障を維持するための法令を扱います。雇用対策法、職業安定法、雇用保険法などです。

2 労 働 契 約

1）労働契約の成立

　雇用関係は、労働契約によって成立し、労働者の採用を法的に表現したものが、労働契約の締結ということになります。

　労働契約は労働者・使用者の意思表示の合致を要件としますが、口頭の合意でも足りるとされています。

　使用者による労働者の募集は、使用者が直接に労働者を勧誘する方法と職業紹介機関を利用する方法があります。職業安定機関の行う職業紹介事業および職業指導に関する規定を定めた法律が、職業安定法になります。職業紹介機関には、厚生労働大臣の指揮監督下にある職業安定主管局（職業安定局）、都道府県労働局、公共職業安定所（ハローワーク）などがあります。また、民営職業紹介機関（無料職業紹介事業・有料職業紹介事業）もあります。

　労働契約の当事者は、契約の自由の原則に基づき、労働契約を締結するか否か、また、誰と締結するかは自由です。また、使用者には、いかなる基準によって、どの労働者を採用するかを決める自由があります。

　労働者の選択にあたっての判断材料を得るために、適切な方法により試験や調査を行うことは、基本的には自由です。しかし、法律による制限があり、すべてが使用者の自由というわけではありません。

　例えば、雇用機会均等法（雇用の分野における男女の均等な機会及び待遇の確保等に関する法律）5 条では、事業主は、労働者の募集および採用について、その性別に関わりなく均等な機会を与えなければならないと規定します。

　それでは、憲法 19 条の思想・良心の自由、憲法 14 条の法の下の平等、労

働基準法3条の均等待遇の原則と、使用者による労働者選択の自由との関係は問題とならないのでしょうか。これに関して、裁判所は、憲法19条、14条の規定は、国や公共団体と個人との関係を規律するものであり、私人相互の関係を直接に規律するものではなく、使用者には、採用の自由があり、労働者の採否決定にあたりその思想・信条を調査しても差し支えないという立場です（最判昭48年12月12日）。

2）採用内定

日本においては、新卒者を正規社員として雇用する場合、採用内定という制度があります。

一般的には、入社を希望する会社にエントリーし、その会社で書類選考され、それが通れば採用説明会に参加することになります。説明会の後に筆記試験・面接を受け選抜されます。中途採用の場合も、新卒採用に準じます。

採用内定で問題になるのが、採用内定の取消しです。採用内定の取消しがあった場合、就職の機会を奪われるという問題が発生します。

採用内定の法的性質を定めた法律はありません。そのため、法的性質については解釈によることになります。

内定から正式採用までの一連の過程を労働契約の締結過程と見る見解（締結過程説）、内定によって卒業後に労働契約を締結すべき旨の予約がなされたと解する見解（予約説）、採用内定によって労働契約そのものが成立するという見解（労働契約説）があります。このうち、最高裁判所は労働契約説に立っています（最判昭54年7月20日）。その理由は、①会社による労働者の募集は申込みの誘引にあたる、②労働者がこれに応募することが労働契約の申込みである、③採用内定の通知が申込みに対する承諾となり、そして、学生から誓約書が提出されて労働契約が成立するため、としています。

これは、私企業の採用内定についてのみ適用されます。公務員の場合は、辞令の交付によってはじめて公務員関係が生じることになります。

3）労働条件の明示

使用者は、労働契約の締結に際して労働条件を明示しなければなりません（労働基準法15条1項、以下、労基法）。労働契約の内容を明確化し、労働条件を

めぐる紛争を事前に防止するためです。

明示すべき労働条件は、①労働契約期間に関する事項、②期間の定めのある労働契約を更新する場合の基準に関する事項、③就業の場所および従事すべき業務、④始終業時刻、所定外労働の有無、休憩・休日・休暇、交代制の就業時転換、⑤賃金の決定、計算および支払いの方法、賃金の締切りおよび支払いの時期、昇給、⑥退職、⑦退職金、⑧賞与、⑨労働者に負担させるべき食費、作業用品その他、⑩安全・衛生、⑪職業訓練、⑫災害補償、⑬表彰および制裁、⑭休職（労働基準法施行規則 5 条、以下、労基則）などです。

記載された労働条件と実際の労働条件が異なる場合、労働者は即時に労働契約を解除することができます（労基法 15 条 2 項）。また、就職のために住居を変更した労働者が、契約解除から 14 日以内に帰郷する場合には、使用者が交通費、引越し費用など必要な費用を負担します（帰郷旅費、労基法 15 条 3 項）。

転職や中途採用などで問題になるのが、求人広告などに記載されている労働条件と異なる条件を使用者が提示した場合は、どうなるかということです（多くの人は、求人広告を見て転職を考えると思われます）。この場合は、提示された労働条件に労働者（申込者）が同意すれば、その労働条件が契約内容となります。

4）労働契約の終了

（1）解雇　　解雇とは、労働者の意思によらない労働契約の解約を意味します。労働者自身の自由意思による辞職と異なり、労働者が被る打撃と不利益は多いといえます。そのために労基法は、労働者保護のために様々な法令で規制を加えています。

その一つとして、使用者は、就業規則に解雇事由を記載しなければなりません（労基法 89 条 3 号）。これは、解雇の理由をあらかじめ労働者に明らかにさせるための規制です。

また、労基法 20 条は、労働者を解雇しようとする使用者に対して、少なくとも 30 日前の解雇予告またはこれに代わる予告手当の支払いを義務づけています。

労契法16条で「解雇は、客観的に合理的な理由を欠き、社会通念上相当であると認められない場合は、その権利を濫用したものとして、無効とする」と定めています。この労契法16条は、解雇権濫用法理ともいわれます。この解雇権濫用法理は、日本食塩製造事件（最判昭50年4月25日）における裁判所の判断基準を立法化した条文になります。

　客観的に合理的な解雇事由として、労働者側の理由によるものには、心身の状態により労働の提供ができない、勤務態度不良や規律違反などが考えられます。使用者側の理由として、企業経営の悪化に伴う必要性（整理解雇）があります。社会通念上の相当性とは、例えば、勤務態度不良に対して、注意、指導しても勤務態度が改善されず、また改善する見込みがないと判断された場合などです。

　上に記した整理解雇では、労働者側に解雇される直接の理由がないにもかかわらず、解雇されてしまいます。そのため、判例により特別の判断基準が形成されています（整理解雇法理）。整理解雇の4要件（要素）は、①人員削減の必要性、②解雇回避に向けた努力の程度、③人選の合理性、④手続の相当性です。この4要件（要素）を総合的に判断して解雇の効力が判断されることになります。整理解雇法理に関する条文はありませんので、一つひとつの要件（要素）が、整理解雇法理に反していないかを判断していきます。

　解雇に対抗するには最終的には法的措置をとらざるを得なくなります。裁判で解雇がなかったことになると、労働者としての地位および解雇期間中の賃金支払（民536条2項）が認められます。しかし、解雇された労働者が職場復帰することは困難である場合が多いです。法的には、使用者の義務は賃金支払にとどまり、再び就労させる義務はないと考えられているからです（就労請求権）。一般的に労働審判において、金銭解決による和解で終了するケースが少なくありません。

　(2) 解雇以外の労働契約の終了　　これには辞職と定年制があります。

　辞職とは、労働者の一方的な意思表示による労働契約の解約のことをいいます。一般的に退職と呼ばれていますが、退職には定年等による自動的な労働契約の終了まで含まれることがあるので、区別する必要があります。辞職

に関しては労基法等による規制がありませんので、民法の規定によることになります。期間の定めのない契約の場合は、民法627条1項によって、労働者は2週間の予告期間をおけば、いつでも辞職することができます。

　定年制とは、労働者が一定の年齢に達したことを労働契約の終了事由とする制度のことをいいます。一般的な「定年退職制」は、定年に達したときに契約が自動的に終了すると定めたものです。これに対して、定年に達したときに使用者が、あらためて解雇の意思表示をすることにより契約が終了する定年解雇制もあります。賃金支払いの定年解雇制の場合には、労基法の解雇規制が適用されます。

3　賃　　金

　労基法11条では、「賃金とは、賃金、給料、手当、賞与その他名称の如何を問わず、労働の対償として使用者が労働者に支払うすべてのものをいう」と定義されています。

1）最低賃金制度

　最低賃金制度は、労働者の生活の安定や労働そのものの質的向上を図るだけでなく、企業間の公正な競争の確保を図ることを目的としています。

　最低賃金額は、時間によって決まっています（最低賃金法3条、以下、最賃）。使用者は、最低賃金の適用を受ける労働者に対して、その額以上の賃金を支払わなければなりません。それに達しない賃金を定める労働契約は、その部分について契約はなかったことになります（最賃4条2項）。

　最低賃金の決定方式には、「地域別最低賃金」と「特定最低賃金」の2つの制度があります。地域別最低賃金は最低賃金の中心となるものであり、賃金の最低額を確保するために「あまねく全国各地域に」決定しなければならないと定められています（最賃9条1項）。

　地域別最低賃金は、一定の地域ごとに、最低賃金審議会の調査・審議と意見を尊重して、厚生労働大臣または都道府県労働局長が決定します（最賃10条）。その額は、当該地域における労働者の生計費および賃金ならびに通常の事業の賃金支払能力を考慮して決定され（最賃12条）、生計費については、

「労働者が健康で文化的な最低限度の生活を営むことができるよう、生活保護に係る施策との整合性に配慮する」とされています（最賃9条3項）。この地域別最低賃金を守らなかった者は50万円以下の罰金に処せられ、両罰規定により法人等も処罰されることになります（最賃40条・42条）。

特定最低賃金は、特定の事業または職業について、労働者または使用者の代表が申出をしたときに、厚生労働大臣または都道府県労働局長が決定します（最賃15条）。特定最低賃金の額は、その適用を受ける使用者の事業所の所在地を含む地域の地域別最低賃金の額を上回るものでな

表7-1　地域別最低賃金

（平成29年度）

都道府県名	最低賃金 時間額（円）
北海道	810
埼玉	871
千葉	868
東京	958
神奈川	956
長野	795
大阪	909
熊本	737
沖縄	737
全国平均	848

ければならないとされています（最賃16条）。派遣労働者については、派遣先事業に適用される地域別および特定最低賃金が適用されます（地域別最低賃金につき最賃13条・特定最低賃金につき最賃18条）。

2）賃金支払のきまり

（1）賃金支払方法の4原則　労働者を守るために、賃金保護の制度があり、労基法24条で、賃金支払方法について規定しています。

a）通貨払いの原則　賃金は、通貨で支払わなければなりません。現物給与による弊害を防止するためです。この原則により、小切手による賃金の支払は禁止されています。賃金の口座振込は、「労働者の同意」を条件として、「当該労働者が指定する銀行その他の金融機関」の当該労働者の預貯金口座への振込み、または「当該労働者が指定する証券会社」に対する当該労働者の預り金（一定の要件をみたすもの）への払込みが認められます（労基則7条の2第1項）。

b）直接払いの原則　賃金は労働者に直接支払う必要があります。第三者の介在によるピンハネを防止するために、確実に労働者本人に支払うことを命じるものです。したがって、親権者などの法定代理人や任意代理人であっ

ても支払は禁止されます。

c) **全額払いの原則**　使用者は、当該計算期間の労働に対して約束した賃金の全額を支払わなければなりません。

d) **毎月1回以上・定期払いの原則**　賃金は、毎月1回以上、特定した日に支払わなければなりません。この原則は、賃金決定の方法にかかわらず適用され、時間給や日給、年俸の場合にも毎月定期払いをする必要があります。ただし、賞与や、1か月を超える期間についての精勤手当、勤続手当、奨励・能率手当は、それ以外の期間で支払うことができます（労基法24条2項、労基則8条）。なお、支払日が休業日にあたる月には、先立つ直近の営業日に支払うことになります。

(2) 男女同一賃金の原則　「使用者は、労働者が女性であることを理由として、賃金について、男性と差別的取扱いをしてはならない」（労基法4条）と規定しています。これに違反した場合には、罰則があります（労基法119条1号）。さらに、賃金差別を受けた労働者は、労働契約に基づき差額賃金の支払を請求することができます。

(3) 休業手当　労基法26条は、「使用者の責に帰すべき事由による休業の場合においては、使用者は、休業期間中当該労働者に、その平均賃金の百分の六十以上の手当を支払わなければならない」と規定し、「使用者の責に帰すべき事由による休業」の場合、休業期間中、当該労働者に対し、平均賃金の6割以上の休業手当の支払を使用者に義務づけています。当該休業による賃金の低下と労働者の生活の不安定さを緩和し、「使用者の責に帰すべき事由による休業」時の労働者の生活保障を行っています。「使用者の責に帰すべき事由」とは、使用者側に起因する経営、管理上の障害を含みます。また、原料、資材、事業場設備等の欠乏や欠陥は、原則として使用者の責に帰すべき休業になります。

3）賃金の構成要素

(1) 基準内（所定内）賃金　賃金は、大きく所定内賃金と所定外賃金に分けられます。所定内賃金は、日、週または月単位で固定的に支払われる賃金です。

賃金額の算定の方法ですが、労働者と使用者との契約に委ねられていて、法律による規定はありません。

　基準内（所定内）賃金の構成要素には、様々ありますが、一般的には①基本給と②諸手当から成ります。①の基本給には、当該企業での職務遂行能力の種別（職能資格）とその中でのランク（級）により賃金額が決定される「職能給」と、年齢、学歴、勤務年数等により賃金が決定される「年齢給」があります。②の諸手当には、労働者の職務に関連するものとして、役職手当、技能手当があり、労働者および家族の生活保障的性質を有するものとして、家族手当、住宅手当、単身赴任手当、通勤手当などがあります。家族手当、住宅手当、単身赴任手当などは、該当労働者の状況により支給されるのが一般的です。例えば、家族手当は、該当労働者が世帯主である場合に支給される場合が多いです。手当に関しても法律の規定はありませんが、諸手当の種類が豊富で、賃金総額に占める割合が高いのが、日本の賃金体系の特徴です。

　(2) 基準外（所定外）賃金　　基準外（所定外）賃金には、時間外手当、休日手当、深夜手当があります。

　(3) その他の賃金　　賃金の支払日ごとに支払われる賃金以外の賃金として、①一時金・賞与、②特別手当、③退職金などがあります。

4　労働時間

1）労働時間の原則

　労基法上の労働時間とは、使用者が労働者を「労働させた」時間をいいます。これは、休憩時間を含む「拘束時間」と区別するために「実労働時間」と呼ばれています。実労働時間は、労働者が現実に肉体的活動や作業をしている時間だけを指しているわけではありません。例えば、昼休みにかかってきた職務に関する電話への対応や、タクシー運転手の客待ちなどのような「手持時間」は、具体的な作業はしていないとしても、作業遂行のために拘束されているという意味では労働時間にあたります。

　使用者は、労働者を、休憩時間を除き、1週間について40時間を超えて労働させてはなりません（労基法32条1項）。また、1週間の各日については、

休憩時間を除き、1日8時間を超えて労働させてはいけないことになっています（同条2項）。「週40時間・1日8時間」が法定労働時間です。

　法定労働時間を超える労働（時間外労働）は、労基法33条または36条の要件をみたした場合のみ許されます。使用者が、要件をみたさずに時間外労働をさせた場合には、労基法32条違反として罰則が科されます（労基法119条1号）。

　労基法上の労働時間は、1週間および1日を単位として算定されます。この場合の1週間とは、就業規則その他に別段の定めがない限り、日曜日から土曜日までの暦週をいい、同じく1日とは、午前0時から午後12時までの暦日をいいます。ただし、暦日を超える継続勤務の場合には、始業時刻の属する日の1日の労働として扱われます。

2）休憩時間と自由利用の原則

　使用者は、労働時間が6時間を超える場合には45分以上、8時間を超える場合には1時間以上の休憩時間を、労働時間の途中に与えなければなりません（労基法34条1項）。1日の所定労働時間が8時間であれば休憩時間は45分になりますが、時間外労働をさせる場合には、全部で1時間の休憩を与えなければならないことになります。

　また、使用者は、休憩時間を自由に利用させなければなりません（労基法34条3項）。労働から完全に解放されるという休憩時間の趣旨を保障するための規定です。この原則から、労働者は休憩時間中に労働義務から解放されるだけでなく、労働場所から離れる自由も保障されなければなりません。休憩時間中の外出も原則として自由です。

3）時間外・休日労働

　時間外・休日労働とは、所定労働時間を延長して働かせ、または所定休日に労働させることをいいます。これは、労基法上の法定労働時間（労基法32条）を超えて労働させ、または法定休日（同35条）に労働させることであり、「法定時間外・休日労働」といいます。使用者は、事業場における過半数組合があればその組合、なければ過半数代表者との間で労使協定を締結し、行政官庁（労働基準監督署長）に届け出た場合は、その協定（36協定と称される）

に従って労働時間を延長し、休日に労働させることができます。

36協定においては、①時間外・休日労働の具体的事由、②業務の種類、③労働者の数、④1日および1日を超える一定期間の延長時間の限度、⑤労働させることのできる休日、⑥有効期間を記載しなければなりません。④の延長時間の限度は、かつては行政指導上の目安にすぎませんでしたが、1998（平成10）年改正により、厚生労働大臣の定める基準に強化されました（労基法36条2項）。具体的には、表7-2のような基準が定められています。

表7-2　時間外労働の限度に関する基準

期　　間	時間外労働の上限時間
1週間	15時間
2週間	27時間
4週間	43時間
1か月	45時間
2か月	81時間
3か月	120時間
1年間	360時間

4）休　　暇

年次有給休暇（年休）とは、毎年一定の日数の休暇を有給で保障する制度であり、労基法39条に規定されています。

使用者は、6か月以上勤務し、全労働日の8割以上出勤した労働者に対し、10労働日の年休を与えなければなりません（労基法39条1項）。また、労働者が1年6か月以上勤務した場合は、前年度に全労働日の8割以上出勤したことを要件に、当該年度に1日、3年6か月以降は2日加算した年休が付与され、20日を上限に加算されます（同条2項）。

年休の付与単位は「1労働日」であり、暦日計算（午前0時〜午後12時）を原則とします。2008（平成20）年に労基法が改正され、過半数組合・過半数代表者との間で労使協定を締結し、労働者の範囲や日数等を定めれば、年休のうち5日まで時間単位取得を認める規定が設けられました（労基法39条4

表7-3　年休の法定付与日数

勤続年数	6か月	1年6か月	2年6か月	3年6か月	4年6か月	5年6か月	6年6か月以上
年次有給休暇付与日数	10日	11日	12日	14日	16日	18日	20日

ブラックバイト

　現在の学生生活は、お金がかかります。授業料の値上げ、物価の高騰、スマホ通信費、交際費など、お金がかかることばかりです。親からの仕送りにも限界があり、アルバイトをしなくてはならない場合が多いのではないかと思われます。働き手の減少もあり、学生のアルバイトは重要な労働力となっています。しかし、学生であるということを利用して無理な労働条件を押しつけられることが社会問題となり、2014（平成26）年にブラックバイトユニオンが設立された経緯があります。ブラックバイトユニオンは、労働問題を専門分野とする弁護士が登録している「ブラック企業被害対策弁護団」がサポートしています。ブラックバイトユニオンのホームページには、ブラックバイトの事例なども掲載されています。

　同ホームページによれば、学生のアルバイト先としては、飲食店、コンビニ、塾講師が多く、トラブルには共通点も多いようです。例えば、上司の裁量で勝手にシフトを入れられる。ミスをしたときやノルマを達成できなかったとき、その分を自腹で埋め合わせるようにいわれる。約束の時間を過ぎても帰れないなどです。トラブルに巻き込まれないためには、アルバイトを開始する前に、きちんとアルバイトの契約内容を確認する必要があります。

項）。

　なお、所定労働日数の少ない労働者（パートタイマー、アルバイト）に関しては、週所定労働時間が30時間未満、労働日数が4日以下のパートタイマーについて、労働日数に応じて比例的に年休権が発生します（労基法39条3項、労基則24条の3）。これに対し、パートタイマー等であっても、労働日が週4日ないし年216日を超える者または週4日以下でも週所定労働時間が30時間以上の労働者については、原則通りの年休権が発生します。

5）病気休暇

　休暇、休業、休職には法定の制度と法定外の制度があります。昨今、問題となっている新型コロナウイルス感染症（COVID-19）に罹患した場合を例に考えてみましょう。労働安全衛生法上は、伝染性の疾患で、厚生労働省令で定めるものに罹患した労働者について、その就業を禁止しなければならない

と規定しています（安衛法 68 条）。また、感染症法（感染症の予防及び感染症の患者に対する医療に関する法律）18 条では、1〜3 類感染症の患者は、厚生労働省令で定める業務（飲食サービス業など）に従事してはならないとされ、都道府県知事は就業を制限することができます。

表 7-4　休暇・休業・休職の分類

法定の制度	法定外の制度
年次有給休暇 生理日の休暇 産前・産後の休業 育児休業 介護休業	病気休職・休暇

　新型コロナウイルス感染症などの病気になったために有給休暇を取得し休んだ場合は、賃金も補償されます。問題は有給休暇がない場合です。その場合は無給になりますが、休業手当（労基法 26 条）や健康保険法上の傷病手当金（健康保険法 99 条）の対象になりうる可能性があります。

6）ワークライフバランス

　(1) 育児休業　　労働者は、男女を問わず、1 歳未満の子を養育するために育児休業を申し出ることができます（育児休業、介護休業等育児又は家族介護を行う労働者の福祉に関する法律 5 条 1 項、以下、育介法）。事業主（使用者）は原則としてこの申出を拒むことができません（同 6 条 1 項）。

　一方、事業主は育児休業期間中の賃金を支払う義務はありません。しかし、休業中の所得保障のため、雇用保険により、育児休業を開始してから 180 日目までは、開始前の賃金の 67％を保障する「育児休業給付」が支給されます。それ以降については 50％の支給額になります（雇用保険法 61 条の 4、同法附則 12 条、以下、雇保法）。休業期間中の社会保険は継続しますが、保険料は申出により免除されます。

　育児休業を取得できるのは、1 歳未満の子（養子を含む）を養育する労働者です。ただし、日々雇用される者および期間雇用労働者は除外されますが、期間雇用労働者のうち、事業主に 1 年以上継続雇用され、子が 1 歳に達する日を超えて雇用が継続されることが見込まれる者（当該子の 1 歳到達日から 1 年を経過する日までの間に契約期間が終了し、かつ、契約更新がないことが明らかな場合を除く）は対象に含まれます（育介法 2 条 1 号・5 条 1 項）。

　(2) 介護休業　　労働者は、要介護状態にある家族を介護するために、

申出により休業することができます（育介法11条1項）。要介護状態とは、負傷、疾病または身体もしくは精神の障害により、2週間以上にわたり常時介護を必要とする状態をいい（同2条3号）、対象家族は、配偶者、父母、子および同居する祖父母・兄弟姉妹・孫ならびに配偶者の父母です（同2条4号）。介護休業は、原則として、同一の対象家族1名につき、要介護状態に至ったごとに1回、通算93日の範囲内で3回に分割して取得することができます（同11条2項）。

　労働者が介護休業を申し出た場合、事業主はこれを拒否できません（育介法12条1項）。また、2009（平成21）年改正により、短期の介護休暇制度（対象家族の介護等の世話をするために、1年度に5労働日〔家族が2人以上の場合は10労働日〕の休暇の取得を認める制度）が導入されました（同16条の5）。介護休業中の賃金について、事業主は支払いの義務はありません。しかし、休業中の所得保障のため、雇用保険により「介護休業給付金」が支給されます（雇保法61条の6以下）。その給付額は、介護休業開始前の賃金の67％です（雇保法61条の6）。介護休業期間中は育児休業の場合と異なり社会保険料の免除はありません。

　(3) 子の看護休暇　　小学校就学前の子を養育する労働者は、子の負傷、疾病、または疾病予防に必要な世話を行うために1年度に5労働日（小学校就学前の子が2人以上いる場合は10労働日）を限度に子の看護休暇を取得できます。2016（平成28）年改正で、従来1日単位とされていたところを、半日単位（所定労働時間の2分の1）の取得も可能とされました。申出は口頭でも可能です（育介法16条の2、育児休業、介護休業等育児又は家族介護を行う労働者の福祉に関する法律施行規則35条、以下、育介則）。

　事業主は、この申出を拒むことができません（育介法16条の3第1項）。ただし、勤続6か月末満の労働者および1週の所定労働日数が2日以下の労働者については、過半数代表との協定を締結した場合、申出を拒むことができます（同16条の3第2項、育介則36条）。

　看護休暇については、育児休業・介護休業に対するような雇用保険による所得保障の制度はありません。

5　労働者の健康と安全

　労働安全衛生法とは、職場における労働者の安全と健康を確保し、快適な職場環境の形成を促進する法律です。この法律は、労働者に対して「事業者」が遵守すべき労働安全衛生の最低基準を定めたものです。

1）労働安全衛生法の基準

　基準の中心にあるのは、「労働者の危険又は健康障害を防止するための措置」と、「機械等並びに危険物及び有害物に関する規制」です。そのほか、安全衛生教育の実施や、無資格者の就業制限など「労働者の就業に当たつての措置」、一定業務における作業環境測定の実施や労働者の健康診断など「健康の保持増進のための措置」についても定めがあります。

　労働者の健康管理に関して、事業者は、①定期的な一般健康診断（労働安全衛生法66条1項、以下、安衛法）と、②一定の有害業務に関する特別な健康診断（同条2項）を実施する義務を負います。③事業者はこの医師の意見を勘案して、必要なときは就業場所の変更、作業転換、労働時間の短縮などの措置を講じなければなりません（同66条の5）。また、④事業者は、労働時間が一定の要件に該当する者（時間外労働が月100時間を超え、かつ疲労の蓄積が認められる労働者。労働安全衛生規則52条の2）について、医師による面接指導を行い、その結果に応じた適切な措置を講じなければなりません（安衛法66条の8）。

2）過労死等防止対策推進法

　現在、過労死が社会問題となっています。この現状を踏まえて、過労死等防止対策推進法が2014（平成26）年11月1日より施行されました。この法律は、過労死等の防止のための対策を推進し、仕事と生活を調和させ、健康で充実して働き続けることのできる社会の実現に寄与することを目的としています。

　この法律において「過労死等」とは、業務における過重な負荷による脳血管疾患、もしくは心臓疾患を原因とする死亡、もしくは業務における強い心理的負荷による精神障害を原因とする自殺による死亡、またはこれらの脳血管疾患、もしくは心臓疾患、もしくは精神障害をいいます（過労死等防止対策

推進法2条)。

　厚生労働省では、過労死等を防止することの重要性と関心を高めるために、11月を「過労死等防止啓発月間」と定め、シンポジウムやキャンペーンなどに取り組んでいます。

　労働安全衛生法・過労死等防止対策推進法は、これからの働き方に影響を与えると考えます。

■発展課題

1　Aのお母さんは、Aの学費を捻出するために、週4回（28時間）パートタイムで働いています。Aのお母さんに年休は発生しますか。

2　B（夫）は、IT関連企業で働いていて、妻は別の企業で働いている共働き夫婦です。妻が出産することになり、夫Bも半年間の育児休業を取りたい旨を上司に相談したところ、今は仕事が忙しいとの理由で断られました。この上司の対応は適切ですか。

3　Cは、企業に入職する前に記載されていた労働条件と、実際の労働条件があまりにも違うので悩んでいます。Cはどうすればいいでしょうか。

■引用・参考文献

中窪裕也・野田進『労働法の世界（第13版）』有斐閣、2019年

荒木尚志『労働法（第3版）』有斐閣、2016年

浅倉むつ子・島田陽一・盛誠吾『労働法（第5版）』有斐閣アルマ、2015年

土田道夫『労働法概説（第3版）』弘文堂、2014年

小畑史子・緒方桂子・竹内（奥野）寿『労働法（第2版）』有斐閣ストゥディア、2016年

髙橋雅夫編『法学』弘文堂、2015年

新谷眞人編『労働法』弘文堂、2014年

川口美貴『基礎から学ぶ労働法』信山社、2016年

人事院ホームページ

厚生労働省ホームページ

8章

企業と法

　普段意識しなければ、就職活動を始めるまで、企業との直接の関わりを実感することは少ないのかもしれません。しかし、私たちの日常生活は様々な企業の存在を前提としています。

　毎日起床して身支度をする際、電気、ガスを使い、歯磨き、歯ブラシを使用します。これらは電力会社が販売した電気を使用していますし、メーカーが製造した商品をスーパーなどで購入して使っています。それは電気の供給契約、売買契約を介した関係の上に成立しているのです。

　このような企業は、一般に「会社」と呼ばれる組織を結成し、利益の獲得を目的として反復的・継続的な活動を営んでおり、商取引に特有なルールについては商法、会社の設立や運営については会社法の適用を受けることになります。

　商法は、かつては企業の組織や活動などに関する様々な法律を集大成した法律で、非常に広範な規定を有していました。以前の商法は、会社全般に適用される総則的規定、会社に特有な商行為に関する規定、会社の設立・運営などに関する規定、保険・海商に関する規定を備えていたのです。

　しかし、2005（平成17）年に会社の設立・運営に関する規定が「会社法」として独立し、商法総則部分も大幅な改正を受けています。また、2008（平成20）年には保険部分が独立し「保険法」が制定されています。

1　会社の形態

1）法人格とは

　会社法は会社の形態を、合名会社、合資会社、株式会社、合同会社と規定

しています（会社法2条1号、以下、会）。

　これらの会社の種類は、会社に対して出資者がどの程度の責任を負うのか、また設立時の会社の規模等に応じて、設立者により選択されることになります。それでは、会社設立に際して具体的にどの形態により設立すべきでしょうか。インターネット上で通販会社を起業し収入を得ようとする場合を考えてみましょう。

　個人が趣味の程度で仕事をするならば、開業するに際して巨額の「資金」は必要ありません。このような場合、あえて会社を設立せず、個人を事業主として、株式会社などの会社組織によらない個人経営によることも可能です。

　設立登記等の面倒な手続は不要で、事業による収益はすべて経営者の個人的な収入になりますが、事業から生じるあらゆる損失に対して責任を負う必要があります。また、事業が好調で収入が多くなった場合、個人に課される所得税は法人の税率と比較して高額になります。事業拡大のため、新たに従業員を雇い、大量の仕入れを行うような場合、個人の資産だけでは限界が生じますが、金融機関などから資金を調達しようとしても、個人経営では個人の資産と事業の資産があいまいとなり、融資を受けることは困難です。

　したがって、はじめは個人事業であっても、多くの出資者、従業員を集めて規模を拡大するような場合には、会社法上の会社形態を採用して設立する、つまり「法人格」を取得するケースが多くなります。

　会社法所定のルールに従った設立の手続を経て、設立登記が完了して、初めて会社を名乗ることが認められます。人間ではない会社という組織は、法人格を取得して初めて法律の適用対象となる能力を認められ（権利能力の取得といいます）、会社名義で契約を行うことができるようになるのです。

　それでは、現在どのような会社の設立が認められているのでしょうか。

2）合名会社・合資会社

　設立手続、運営ルールが緩やかで、比較的小規模な会社を想定した制度です。

　合名会社は、複数の出資者が金品のみでなく、その労務や信用を出資し、共同して会社を設立することが可能ですが、会社の構成員は出資者である

「社員」（会社に出資した者を社員という。従業員とは意味が異なることに注意、以下同じ）のみであり、非常に限定されています。社員の個人資産と会社資産は区別されますが、社員は事業から生じるあらゆる責任を負う必要があり（会580条）、その責任は非常に重くなります。このような出資者を「無限責任社員」といいます。

　合資会社とは、合名会社と同じ無限責任社員と、出資した範囲内で責任を負う「有限責任社員」から構成される会社形態です（会575条以下）。合名会社と異なり有限責任社員は、無限責任社員が運営する会社に対して、利益の配分を得ることを目的として出資することが可能で、より広く参加者を募集することができます。

　かつて、合名会社、合資会社はきわめて小規模で会社に担保となる資産が乏しく、出資者の信用を担保とするような場合を中心に設立されたのですが、株式会社の設立要件が緩和されるとともに、より運営ルールの緩やかな合同会社制度の導入で、近年は新設されることが少なくなっています。

3）有限会社

　有限会社は旧有限会社法に規定されていた会社形態で、株式会社と同様に、出資額（これを持分といいます）以上の責任を一切負わない有限責任社員のみから構成される会社です。かつて最低資本金制度の下では、株式会社は1000万円の資本金が必要でしたが、有限会社は300万円で設立可能で、設立、業務執行に関するルールが株式会社より緩やかなこともあり、多くの有限会社が設立されていました。

　会社法の施行と同時に有限会社制度は廃止され、現在は新設できませんが、廃止以前に設立された有限会社はそのまま存続することが認められているのです。

4）合同会社

　合同会社とは有限会社制度の廃止に伴い新たに認められた会社形態です。合同会社も有限責任社員のみから構成されますが、会社の設立、運営に関するルールは非常に緩やかで、出資者の持分譲渡については合資会社のルールが用いられており、小規模な会社を前提としています。制度導入に際しては

ベンチャー企業の設立、親会社から子会社を分離独立するような場合の活用を想定していましたが、運営ルールの緩やかさから、巨大企業として知られるアマゾンやグーグル、アップルの日本法人が合同会社として設立されたり、事業統合などで既存の株式会社を子会社化する際に、合同会社に組織変更したりする事例もみられます（2009〔平成21〕年、ウォルマート傘下に入った西友が、2016〔平成28〕年にはワーナーブラザーズジャパンが、それぞれ株式会社から合同会社に組織変更しました）。

5）株式会社

　株式会社の出資者は有限責任社員のみから構成されています。特に会社の株式を取得して会社に出資した者のことを「株主」と呼ぶことはよく知られています。

　株主は、万が一会社の業績が悪化し倒産に至った場合にも、個人の資産をもって会社の負債を支払う義務は一切ありませんが、購入した株券の価値が減少した額、つまり出資額を限度として責任を負うのです（多くの場合、株価はゼロになります）。株式会社は株式の発行を通じて不特定多数からの出資を募り、多額の資金を集めることが可能なことから、大規模な会社設立に適していますが、他の設立形態よりその設立手続、運営のルールは厳格です。

　かつて1000万円が必要とされていた最低資本金制度が撤廃され、1円でも株式会社の設立が可能となり、対外的に見栄えがよいこと、財務状況が明白になり社会的信用も得られることから、他の会社形態より好まれる傾向があります。

6）所有と経営の分離

　株主は、会社に出資した額を限度として間接的な責任を負うのみですが（会104条）、出資者として経営に参画する機会は、合名・合資会社と比較すると限定されてしまいます。

　株主が会社経営に直接関与する手段は、原則として年1回開かれる株主総会において、株式の持分に応じた議決権を行使するのみで、日常の業務執行は取締役会等が中心となって行っているのです。

　取締役の業務執行が適正に行われているかチェックする監査役も、株主総

会において選任の決議を経る必要があり、会社運営に対する株主の意思は間接的に作用しているといえますが、業務執行に関する個別の案件について、株主の意思を直接反映することは困難です。ただし、株主は会社の業務執行について不服がある場合、株式を売却することにより投下した資本の迅速な回収が可能で、市場で株式を処分できない場合は株式買取請求権（会116条）を行使して妥当な金額で所有する株式を企業に買い取ってもらうことが可能です。

　株式会社運営は資本主義経済を健全に運用するという大義があり、株主の権利確保や業務執行に対する取締役の責任など様々なルールが、会社法において細部にわたって規定されています。

　株式会社では、会社の所有者（株主）と会社を運営する者（従業員）は明確に分離されていることが前提で、このようなシステムを会社の所有と経営の分離といいます。

　しかし、わが国の株式会社の現状は、本来予定していないきわめて小規模なものが数多く設立されています。会社を設立した本人や家族、親戚などが、同時に従業員、取締役、監査役などに就任するいわゆる「家族経営」の会社もあり、株式会社制度が想定している運営システムが有名無実化することも多く、最低資本金制度の撤廃とともに、小規模な会社に特有な規定を設ける必要性も無視できず、会社法が複雑になる一因となっています。

2　企業統治

1）コーポレート・ガバナンス

　近年「コーポレート・ガバナンス」というキーワードが注目されています。一般に新聞紙上などで目につくようになったのは、いわゆるバブル経済が崩壊した後、様々な企業の不祥事が露見するようになってからです。

　ガバナンスとはギリシャ語を語源として、本来は「舵取り・操縦」という意味ですが、英語圏でコーポレート・ガバナンス＝会社の舵取りをする、すなわち「企業統治」と用いられるようになりました。またわが国で、あえてコーポレート・ガバナンスという語句が用いられている場合、その背後に

「健全な」企業統治というニュアンスが含まれることもあります。

　比較的小規模な企業が数多く設立されているわが国では、「会社は経営者の所有物」という考え方があります。大企業であっても会社の取締役、監査役などに親類一族が就任している場合も多く、そのような企業では企業統治という問題意識は希薄です。また、ガバナンスの要となる監査役制度等の充実が進められてきたものの、効果を発揮できずに、もっぱら企業倫理や経営学上の考え方として軽視される傾向があったことは否定できません。

　コーポレート・ガバナンスは、株主による企業統治をいかにして可能にするかという観点から議論される場合と、取締役等による健全な企業経営を実現するという２つの観点から論じられますが、一般的には後者の意味合いが強い傾向があります。

２）企業不祥事とは

　企業不祥事とは比較的柔らかな表現であり、事件の内容によっては「企業犯罪」、「経済犯罪」などと表現される場合もあります。文字通り企業が行った様々な違法行為の総称で、その類型は多岐にわたり膨大な数が発生しています。

　三菱自動車による欠陥情報の隠蔽（リコール隠し）は死亡事故を発生させ、雪印乳業の集団食中毒事件では１万人を超える健康被害が発生しています。オリンパス、ライブドア、東芝などの粉飾決算は、市場の信頼を失い大幅な企業価値の欠損が生じてしまう重大事です。これ以外にも、大企業による不祥事については、新聞やテレビニュースで見聞したことがあると思います。

　2017（平成29）年、東芝の不正会計による経営危機が問題となりました。東芝は今後の発電の基軸となるという経営判断から、2006（平成18）年、54億ドル（当時約6210億円。東芝の経常利益は1000億円程度）を投じてアメリカ原子力大手ウエスチングハウスを買収しましたが、2011（平成23）年の東日本大震災に際して発生した原発事故で、社運をかけたともいえる経営判断に誤算が生じてしまいました。

　このトラブルのさなか、歴代社長による「経営判断」として、不正会計が日常的に行われていた事実が発覚するのです。社内では特にパソコン事業に

おいて実現不可能な収益目標が命じられ、翌月以降の利益を自転車操業的に先取りするなどの手法で総額1562億円もの不適切会計が行われていました。

　東芝も不正会計に関わった歴代の社長を提訴しその責任を追及し、株主代表訴訟（後述）も提訴されていますが、この不正会計の背景には原発事業による巨額損失があったと考えられます。東芝では、不正会計が発覚し社会問題化するまで、会社内部から経営トップである社長に対して異議を申し立てられるような雰囲気はなかったと指摘されています。また、経営トップが命じ、組織的に行われた不正会計であるので、監査法人ですら見抜くことができないような巧妙さで行われていたことも指摘されています。

　歴代社長からすると、原発事業の買収で東芝をますます発展させ、事故後は損失を減らして業績を回復したいという一念だったのでしょう。しかし、結果的に経営トップの経営判断が失敗し、不正会計を命じるという暴走を始めたことで、東芝は回復できないほど疲弊しています。2017年3月期決算では最終損益は9656億円と1兆円に近い赤字に転落しており、まさに存続の瀬戸際に立たされました。

　それでは、企業の運営を適切なものとし、経営判断の失敗で企業に損失を与えた経営トップにどのような責任追及の手段が可能なのでしょうか。

3）株主による企業統治

　（1）株主によるコーポレート・ガバナンスの限界　　アメリカにおける株主は、自らが出資している会社の業績や業務内容について非常に敏感です。万が一でも会社が赤字に転落するようなことがあれば、総会の決議をもって直ちに取締役を解任し、会社が取締役の責任を追及しない場合、取締役に対し損害賠償を会社に対して行うよう求める株主代表訴訟を提起することが日常的に行われ、このような株主の積極的な行動がコーポレート・ガバナンスの有力な実現手段となっています。

　わが国の場合は、倒産に瀕するほど会社の業績が悪化した場合でも、株主側からの提案でその取締役を解任させるようなことはあまりみられません。以前は、株主の意見が唯一経営に反映される機会となる株主総会でさえ、各社同じ日にちに同時に総会を開催して株主の総会参加を妨げたり、事前にリ

ハーサルを繰り返し、総会を計画的にわずか数十分で終わらせたり、場合によっては議事を円滑に進行させるため、一般株主からの質問を遮るよう「総会屋」と呼ばれるグループに総会のとりまとめを依頼し、見返りに利益供与を行う会社も存在するなど、軽視されていたのです。

　また、かつては「株式の持合い」と呼ばれるシステムが発達していました。株式の持合いとは、友好関係にある企業複数社に依頼して、それぞれの株式を数％ずつお互いに持ち合うことで一つの株主「集団」を結成してしまいます。それぞれの持株比率が5％程度であっても、10社がその集団に参加していれば、持株数を合計すると過半数を満たすことになります。このような状態では、株主総会の議決は会社の思うがままであり、仮に会社の株を30％所有する筆頭株主からの提案であったとしても、会社は集団の保有する過半数の議決権を行使して否決することが可能となるのです。

　文字通り「会社は経営者のもの」といわれても仕方のないシステムであり、株主によるガバナンス機能はまったく期待できない時代が長く続きました。

　(2) 社内におけるガバナンスの限界　　通常は、取締役等の職務怠慢による損失発生、もしくは違法行為を知った場合には、監査役が会社を代表して訴えを提起することとなっています。しかし、取締役も監査役も社内の従業員が出世して就任している場合、取締役と監査役は「同僚」であり、かつ「上司と部下」というような友好関係である場合が多いのです。社内の身分として監査役も相当高い地位ですが、いずれは出世し代表取締役の座を狙う監査役が、遠慮なく取締役等の不法行為を正すことはあまり期待できないといわざるを得ません。

　また、そのような馴れ合いが生じないよう、会社出身者以外から社外取締役、社外監査役を任命したとしても、その選任については社内の取締役等の意向も反映されている場合も多く、報酬も支払われるので、選任してもらった恩を感じて、取締役等の不正行為の摘発には慎重にならざるを得ないでしょう。

　社外取締役、社外監査役を選任する場合は「しがらみ」にとらわれない人選をしなければならないのです。このような観点から、2014（平成26）年会

社法の改正では、社外取締役、社外監査役の登用に大幅な資格制限が設けられ、2親等以内の親族でないものおよび、過去10年間にその企業と関わりのないものでなければならなくなりました。

　ただし、指摘したように会社ぐるみで不正行為を行った場合、社内はもちろん社外の監査役、公開会社の会計をチェックする公認会計士を集めた監査法人でさえ見抜けない場合も多いといわれています。最終的には、経営者のコンプライアンス意識を高めるための、意識改革も重要となってくるのです。

　(3)　株主代表訴訟によるコーポレート・ガバナンス　　バブル経済崩壊後、企業は株価の暴落から株式を保有し続けることが困難になって、強固であった株式の持合い体制も崩れつつある状態です。株主総会における積極的な発言から「物言う株主」として機関投資家である村上ファンドは社会的に注目されましたし、近年ではあえて株主総会の集中日を避けて総会を開催し、数時間をかけてじっくり行う企業も増加しています。

　また、「なにを言ってもムダ」という株主の意識にも変化が現れています。特に1993（平成5）年、株主代表訴訟に必要とされる訴訟手数料が一律8200円（現行法では1万3000円）に引き下げられました。それまでは、請求する賠償額に応じた訴訟手数料が必要とされていたことから、訴訟手数料負担が重く、取締役の責任を追及する手段として、株主代表訴訟はあまりメリットのあるものではありませんでした。

　しかし改正後、企業の不祥事が発覚すると株主代表訴訟が多く提起されるようになり、取締役は株主の存在を無視することはできなくなりました。株主代表訴訟は株主によるコーポレート・ガバナンスを実現する有効な手段となったのです。

　株主代表訴訟とは、職務を忠実に遂行しなかった結果、会社に損害を与えた取締役に対し、株主が会社を代表してその損害を会社に賠償することを求め、訴訟を提起する制度です（会847条）。勝訴したとしても、損失が会社に対して補填されるという間接的なメリットを得るのみで、株主に損害が直接補填されるのではありません。

　会社法462条以下に、取締役が会社に対して損害賠償の責任を負う事例が

列挙されていますが、代表訴訟の対象はこれらの責任に限定されず、取引上の債務を含めて取締役の会社に対する一切の責任が含まれると考えられており、より厳格な責任が問われるのです。

(4) 株主代表訴訟の問題点　しかし、訴訟手数料の引き下げは新たな問題も引き起こしています。

代表訴訟を提起できる条件としては、株式を公開し市場で売買できる会社では、6か月前から継続して株式を有している株主であればよいのです。また、取締役が問題となる行為をしたときに株主である必要もないので、違法行為があったことを知った後に株式を購入し、6か月を経過すると代表訴訟を提起することも可能となります。悪意をもった株主が巨額の代表訴訟を提起することを脅し文句に、企業を「ゆする」手段ともなりかねないのです。また、会社内で紛争が生じているような場合に、取締役に恨みをもつ従業員株主が、取締役の足を引っ張ることを目的として、代表訴訟を提起したことが推察できる事例もあります。このような本来法律が予定していた目的を逸脱して提起される訴訟を「濫訴」といいます。

濫訴とみなされれば訴訟を提起することはできませんが（会847条1項ただし書）、濫訴であるか否かの判断は裁判を通じて行われます。慎重な審理が必要であり、判決が下されるまで相当の時間が必要となる場合も多いのです（長崎地判平3年2月19日金融法務事情1282号24頁〔長崎銀行事件〕）。

4）取締役等による健全な企業経営のために

(1) 取締役の経営責任の軽減　会社経営は常にリスクを伴うものです。例えば、新たに設備投資を行うには、将来における商品等の需要を予測した上で決定し、会社資産を運用するに際しても将来において得られる利益を予想して投資先を決定することになります。いずれも不確実な未来に対する予測を前提としているので、取締役等が考えられる手段を尽くして下した結論であっても、これらの目論見が外れてしまい巨額の損失が生じる場合も考えられます。また、損失が発生した後、取締役等の経営判断について検討すればその失敗点は明白ですが、経営上のあらゆる損失について無制限の責任を負わなければならないとすると、取締役に就任する人材がいなくなってしま

うおそれもあります。

　そこで、取締役が経営に関する判断・業務の執行について、その当時考え得る十分な情報を収集し、合理的な根拠をもって、会社の利益のために、法令に違反しないと確信して行った経営判断は、結果として損害が発生したとしても、取締役等の責任を問わないとするビジネス・ジャッジメントルール（経営判断の原則）という、アメリカにおいて判例の蓄積により構成された法理論があります。

　(2) ビジネス・ジャッジメントルールとは　　わが国においてもこの理論の導入が検討されていましたが、最高裁において経営判断原則を認める趣旨の判決が出されており注目されています（最判平 22 年 7 月 15 日判時 2091 号 90 頁〔アパマンショップ株主代表訴訟事件判決〕）。

　また、かつて代表訴訟では、取締役の生涯年俸さえ大幅に上回る巨額の賠償が請求されることもありました。経営判断原則と同様に、このような訴えが多発すると、取締役は経営を行うに際して、自らの判断が代表訴訟の対象になるか否かについてのみ腐心することになり、積極的な経営判断が阻害されてしまう懸念があります。

　取締役等に課される責任の軽減は経済界からの要望が強く、2001（平成 13）年第 3 次商法改正により、一定の要件のもとに賠償責任が緩和されることとなりました。違法配当や不当な利益供与等、悪意性が高いものについては適用されませんが、取締役が法令・定款に違反する行為を犯したとしても（会 424 条）、取締役の行為が善意・無重過失である場合には、株主総会の特別決議により、会社に対する損害賠償が減免されるのです（会 425 条）。免除額は、実際の損害賠償額から 4 年分、代表取締役は 6 年分、社外監査役は 2 年分の報酬等の収入分を差し引いた額を限度額として規定されています。

3　企業間の競争と談合

1）談合（カルテル）とは

　談合（ドイツ語ではカルテル）や官製談合などのタイトルを新聞紙上で目にしたことがあると思います。談合も企業不祥事の典型例なのです。

1989（平成元）年に始まった「日米構造問題協議」において、アメリカ側が日本の「取引慣行」ともいえる癒着の体質を、「談合体質」もしくは「談合主義」として強く非難したことから、当時 "DANGOU" という言葉は "OHAYO" と同じくらいよく知られた日本語となってしまいました。

　談合という言葉を国語辞典で引いてみると、まずはじめに「話し合うこと」「話し合いの上で行うこと」「相談すること」と説明されていて、必ずしも違法性をもつ行為として扱われているわけではありません。しかし、新聞紙上などで採り上げられている「談合」の文字をみると、ネガティブなイメージをもつでしょう。

　新聞紙上などで、「談合」という言葉が使われた場合、これまで競争関係にあった企業間において、競争を中断するための「話し合い」が持たれ、その結果複数の企業が協調的な行動をとるようになり、市場から競争が消滅してしまうことを指しています（辞書にも2番目以降に書かれていると思います）。

　カルテルには、参加業者間において商品の価格を統一する「価格カルテル」、商品を販売することができる地域を決める「販路カルテル」、商品の生産量を決定する「数量制限カルテル」など様々な形態があります。この中では価格カルテルが最も多く発生しています。

　企業間のカルテル締結は、マラソンレースでゴール目前までデッドヒートを繰り広げてきた選手たちが、その苦しさのあまりお互い競技を中断し、手と手を取り合って同時にゴールする、もしくは事前に到着順位を決めてしまうような八百長レースにたとえることができます。万が一にもスポーツにおいてこのような不正な行為が見過ごされるのであれば、その存在意義は失われるでしょう。また、このような不正を行った選手等は観衆から激しく非難され、競技から永遠に追放されることもあるのです。

2）カルテルの害悪

　企業間の競争をマラソンレースに見立てた場合、選手に該当するのが企業であり、観衆は私たち国民（消費者）です。

　企業は利潤を獲得するという目的を達成するため、市場において勝者でなければなりません。企業間における利潤獲得のための激しい競争は、製品の

質や価格などに現れ、私たち消費者はそのような企業努力が反映されている製品（質が良く価格が安い）を、自らの判断で選択して購入することになります。したがって、消費者に最も多く選択された企業が市場における競争の勝者となり、選択されなかった企業は市場から撤退せざるを得ません。

　しかし、価格カルテルが締結された場合には、企業努力というものが正しく製品に反映されることがなくなります。商品の価格はカルテルに参加する最も効率の悪い（価格が高く品質も悪い）ものに統一されてしまうのです。結果的に、消費者は不当に価格がつり上げられた商品を購入せざるを得なくなり、さらにどの商品も価格は同一であるので商品の選択権を失うという二重のデメリットを負うことになります。

　一方企業側は、企業間の競争を回避することが可能なので、価格のつり上げによって得た不当利得の分だけ通常よりも利益が多く、業者間で価格が同じになることから、長期的な生産計画を立てることが可能となります。結果的に、消費者の犠牲と引き換えに、競争力のない企業が市場において淘汰されることなく、業界全体で「共存共栄」を図るという、大きなメリットが得られるのです。

　日本は農耕民族で、田畑を耕すにはムラ単位の大人数で協力して行う必要があり、協調性や集団性を好む国民性があるといわれています。誰かと競うより、明確な勝敗のつかない話し合いを好み、談合は日本の商慣習といわれるほど深く根づいていると批判されています。

3）カルテルと法規制

　カルテルという不正行為に特徴的なことは、私たち消費者は価格のつり上げという直接的な損害を被っているにもかかわらず、その不正行為を察知しにくい点にあります。消費者からしてみると、価格が突然ほぼ同じになったという外形的な証明は可能でも、企業間でカルテルが締結された結果、価格が一致しているという証拠をつかむことは不可能に近いのです。企業は高度に組織化され経済的にも消費者より強い力をもちます。また、商品の情報は企業の手に握られており、カルテルの証拠となる原価等の企業秘密が一般に公開されることはあり得ません。

レースにはルールが必要であり、ルールが守られているか監視する審判が必要です。

利潤獲得に目が眩み、違法行為が横行するおそれもある企業間レースのルールを定める代表的な法律が、独占禁止法（私的独占の禁止及び公正取引の確保に関する法律）で、審判に該当するのが独占禁止法の執行機関である公正取引委員会です。

独占禁止法は「経済憲法」と称され、企業の経済活動を秩序づける重要な法律で、企業間の公正かつ自由な競争を促進し、消費者の利益を確保することを究極的な目的としています（独占禁止法1条、以下、独）。独占禁止法は「不当な取引制限」として既述したような企業間のカルテル行為を禁止しています。また、市場で大きな市場支配力をもつ企業が、競合関係にある事業者に対して不正な手段を用いて市場から排除したりまたは支配する「私的独占」、不要な商品を人気商品とセットで販売する抱合せ販売、取引関係上の優位な立場を濫用して弱い立場の企業に無理強いする「優越的地位の濫用」、理由なく原価割れ販売を行い競争関係にあるものの事業活動を阻害する不当廉売などを規制する「不公正な取引方法」の3点を規制し、企業活動のルールブックとして中心的役割を担っています。

4）カルテルに対するペナルティ

カルテルが発覚した場合、カルテル実施期間に企業が得た不当利得は、その実施期間中の売上額に一定の係数をかけて算出された額で没収され（課徴金制度）、その額は数十億円に上ることもあります。また、悪質なカルテルに対しては刑事告発が行われ、刑事罰として5億円以下の罰金が科せられ、カルテルの責任者には5年以下の懲役、禁固、罰金刑が命ぜられる場合もあり、重いペナルティが科せられます（独89条・95条）。それだけカルテルの害悪は深刻なのです。

しかし、指摘したようにカルテルの摘発には、企業同士が話し合いをしたという事実、いわゆる「意思の連絡」があったことを証明する必要があります。カルテル発覚によるペナルティを恐れ、企業は簡単にはその証拠を残しません。

つまりその摘発は困難を極めるのです。すこし古い資料ですが、2001（平成13）年日弁連が公表した「入札制度改革に関する提言と入室実態調査報告書」では、わが国の公共工事の95％は談合が行われ、価格が決定されていると推定されており、これまでの規制の実効性には疑問がありました。

5）課徴金減免制度の導入

そこで、2006（平成18）年独占禁止法改正により、「課徴金減免制度（リーニエンシー制度）」が導入されることとなったのです。

課徴金減免制度とは、カルテルに関与した企業が、自らその事実を公正取引委員会に証拠資料をもって自主申告することにより、制裁措置が減免される制度です。早期に申告した事業者ほど優遇され、特に1番目に申告した事業者は課徴金が全額免除され、刑事告発の対象からも外されることで、カルテルの自主申告と、早期離脱のきっかけを与えています（独7条の2第10項、2位以下から5位までの減額割合は、捜査に対する貢献度が考慮される）。

司法取引に似た制度であり、結果的に自主申告した企業はカルテルの仲間を裏切ることになります。しかし、そのまま不正行為を続け、課徴金の減免の機会を逃してしまった場合、摘発されて巨額のペナルティを受け、企業イメージが低落し株価や業績が悪化した場合、「早期に離脱することで業績悪化を回避できた」として、株主代表訴訟が提起され、経営者が責任追及を受けるケースも多くなっています。

企業トップが、カルテル行為を察知しそれを放置もしくは隠匿して、その摘発を受けた場合にはいずれにせよ責任追及は避けられないのです。

課徴金減免制度は、証拠がつかみにくいカルテルの摘発を容易にする切り札として、効果を発揮しているのです。

6）入札談合

国や地方公共団体が発注する公共工事等の入札に際して、入札の参加者間であらかじめ落札予定者を決めてしまうカルテルが「入札談合」です。

入札制度とは、発注者が予定した価格より少しでも安く事業を発注することを目的として、複数の業者に対して希望請負価格を提示させ、最も安い価格を提示した業者に対して事業を発注するシステムです。入札制度は江戸時

代以前から行われているといわれていますが、独占禁止法導入以前の 1941（昭和 16）年、刑法において、官庁が行う入札に対して談合を禁止する「談合罪」が規定されています（刑 96 条の 3）。公共工事の入札において談合が行われると、競争により入札が行われた場合と比較してその価格は高額になります。談合の結果、国民の税金が浪費されてしまうことを防止する、公務執行妨害罪の一類型として導入されたのです。

7）官製談合

　官製談合とは発注官庁の担当者が、入札予定者等に対して事前に予定落札価格をリークする、もしくは入札予定者等に対して談合を行うよう直接指示することです。官製談合は、発注官庁の担当者と業者間の癒着が原因で発生します。発注官庁は業者に対して談合という「貸し」をつくって、将来その企業に再就職（天下り）をすることを画策したり、建設業者を支持団体とする政治家が、入札参加資格や落札者を指名したり、入札に関する情報を担当者から聞き出し業者に教えることもあり、問題は一層深刻です。

　発注官庁にしてみれば、その年についた予算を節約して余らせたとしても、他の目的に流用させることは許されず、場合によっては来年の予算が削減されることにもなり全くメリットはありません。したがって、予算を使い切るには、業者側にあらかじめ決定しておいた価格で落札させる必要があり、現在の国の予算制度は官製談合を助長する一因となっているという批判もあります。

　すでに地方公共団体では、余った予算を他に流用する柔軟な予算制度が導入されており、予算削減が評価されるシステムが構築されています。また、談合を防止する目的から、落札後、談合が発覚した場合には、あらかじめ定められた賠償金を支払う旨の「予約条項」を、契約書に盛り込んでいる自治体も多くなっています。

　発注官庁の担当者が談合に関与することは、2003（平成 15）年にいわゆる「官製談合防止法」が制定されたことから一応の予防が試みられており、今後は、発注官庁の予算削減に対して大きなインセンティブを付与することで、談合の抑止力となることが期待されています。

4　企業活動と環境問題

1）公害の発生

　私たちが生活することで、自然環境に対して何らかのインパクトを与えてしまうことは避けられません。

　手にしている教科書の紙は原材料に木材を多く使用しており、紙の消費量増加から熱帯雨林の森林伐採が行われ、熱帯雨林地方では焼き畑農業も行われていることからさらに伐採が進み、地域環境を崩壊させています。また、熱帯雨林地方の原生林は光合成を通じて地球全体の二酸化炭素を吸収する役割を担っていますが、森林伐採は地球上の二酸化炭素の増加につながり、地球温暖化促進の要因との指摘もあります。

　森林伐採という一地域の環境破壊が与える影響は、その限定された地域における問題だけでなく、地球全体に及ぶ時代となったのです。

　かつて国内においては、企業活動が環境破壊を引き起こし、地域住民の生命を奪うような甚大な健康被害が発生したことがあります。古くは別子銅山、足尾銅山のいわゆる「鉱毒」による環境問題が発生しました。高度成長期以降には工場の廃液による水質汚濁が原因となった新潟・熊本水俣病、富山県イタイイタイ病、工場の排煙が原因となった四日市ぜんそくなど、いわゆる「公害」と呼ばれる環境破壊が問題となりました。

　このような公害に対しては、既存の法律による発生の防止、健康被害者の救済が困難であることが明らかになり、新たな法規制が進められることになりました。1967（昭和42）年制定された公害対策基本法（現、環境基本法）を頂点として、大気汚染防止法、水質汚濁防止法、海洋汚染防止法など、公害の発生を直接防止する法律や、公害防止のため土壌汚染等を引き起こした事業者に回復に必要な費用を負担させる、公害防止事業費事業者負担法などが相次いで立法化されています。また、行政主導型のADR（裁判外紛争処理、Alternative Dispute Resolution）として、被害者が裁判ではなく行政主導の仲裁機関の仲介を受けて損害の回復をしたり、苦情を申し立てたりする制度として公害紛争処理法が制定されています。このように公害対策として様々な法

規制が行われ、また、科学技術の一層の進歩から、従来型の公害の発生は減少しています。

2）地球温暖化の抑止と京都議定書

　指摘したように二酸化炭素等のいわゆる「温室効果ガス」の排出量増加は、地球温暖化という世界規模の環境破壊を引き起こす一因と考えられています。このまま温暖化が進めば、極地の氷が溶け出して、太平洋の島国であるツバルは国土全体が海中に没すると危惧されています。二酸化炭素は工業国からの排出が多く、その影響がガスの排出量が少ないツバルという島国に対して甚大な被害をもたらそうとしているのです。

　わが国は、1992（平成4）年の「地球サミット」において合意された「気候変動枠組み条約」に基づいて、先進工業国に対して温室効果ガスの削減目標を課した「京都議定書」を批准し、その実現に向けて1998（平成10）年、地球温暖化対策法を制定。第1拘束期間である2008年から2012（平成24）年における1年当たりの排出量を1990（平成2）年と比べて6％削減するという目標達成に成功しています。しかし、第2拘束期間（2013～2020年）には参加しないことを表明しており、具体的な削減義務数値は設定されていません。参加しない理由としては、大口排出国が参加しないことや削減目標の設定についての不満が指摘されていますが、京都議定書から離脱してはいないことと、「パリ協定」に拘束され、今後も温室効果ガスの排出削減や、排出量の報告義務が課されることには変わりありません。

3）温室効果ガス削減と企業の社会的責任（CSR）とSDGs

　CSR（corporate social responsibility）とは、「企業の社会的責任」と訳され、一般的には、企業が株主などの会社の利害関係者だけでなく、社会全体に対して果たしてゆくべき責任のことをいいます。企業におけるコンプライアンス、コーポレート・ガバナンスの実現も、法律上企業が負う社会的責任ですが、CSRはこれらよりも広い概念で捉えられる（郷原、17頁）ものです。

　温室効果ガスとして、地球温暖化対策法において二酸化炭素、メタン、ハイドロフルオロカーボン（いわゆる代替フロン）など7種類が指定されています（地球温暖化対策法2条3項）。

企業活動では、特に発電や重化学工業、製造業において大量の化石燃料を消費することが多く、その代替性の問題から、現状では二酸化炭素の排出量を大幅に削減することは容易ではありません。そこで、化石燃料に新たな課税をすることで使用量を削減すべく、2012年、租税特別措置法の改正により「地球温暖化対策のための石油炭素税の税率の特例」が導入されています（租税特別措置法90条の3の2）。

　2015年9月、国連本部において開催された「国連持続可能な開発サミット」において、「持続可能な開発のための2030アジェンダ」が採択されました。近年、急速に浸透したSDGs（Sustainable Development Goals　持続可能な開発目標）という言葉は耳にしたことがあると思います（ジャケットの襟につける17色で彩られた丸いバッジがシンボルマークです）。SDGsとして17のゴールとそのゴールを達成するため、169のターゲット（達成するためのプロセス）を定めており、2030年までに世界各国が共同して解決する課題を明確化しています。

　SDGsのゴールは貧困や飢餓の解消、医療、福祉、教育、ジェンダーの平等など多岐にわたりますが、もちろん環境問題の解決もゴールとして定められており、気候変動の防止、森林、海洋の保護などを、先進国と途上国がどのように協力して解決すべきか、そのターゲットも詳細に示されています。

　政府は2016年5月、温暖化対策の新たな国際ルール「パリ協定」において義務づけられている削減長期計画の目標値として、2050年までに、温室効果ガスの排出を80％削減することを閣議決定しています。具体的な方法として2017年2月環境省は、発電を原子力、自然再生エネルギーに切り替えるとともに、排出権取引（コラム参照）や炭素税を充実させることで、二酸化炭素排出に明確なコストをかけることで排出量を削減してゆく「カーボンプライシング」の導入を提唱しています。

４）温室効果ガス削減と企業のコスト負担

　しかし、企業活動において必然的に発生する温室効果ガスを削減するには、企業は相当のコスト負担をしなければなりません。経団連は「環境自主行動計画」と題して独自の削減目標を提示し、あらたなコスト負担に反対していますし、経済産業省は環境省と反対にカーボンプライシングについては消極

排出権取引と東京都独自の取り組み

　排出権取引の世界市場は構築されていませんが、わが国では東京都において、2010（平成22）年に改正された東京都環境確保条例により排出権取引制度が導入されています。

　年間エネルギー使用量が原油換算値で1500kL以上の事業所（指定地球温暖化対策事業所）に二酸化炭素削減義務が課せられ、事業所に認められた排出可能上限量を超えた分については自主的に排出量取引を行い、余剰分が発生した事業所から排出権を購入するか、東京都からオフセットクレジット（排出権のようなもの）を購入し、超過分に充当しなければならないとされています。

　この制度には罰則規定が設けられ、上記の削減義務を果たさなかった場合、削減不足量に1.3倍が加算された削減量を履行しなければならず、また、命令期限までに履行されない場合には、50万円以下の罰金、事業者名等の公表、知事による不足削減量調達費用が請求されてしまいます。一方で、削減目標を達成した「トップレベル事業所」に指定された場合、削減義務が半分に軽減されるという優遇措置も導入されており、事業所には削減のインセンティブが付与される仕組みです。

的な立場で、企業のコスト負担増に懸念を示しているのです。

　しかし、企業は利益を追求する活動以外にも、自らの永続性を実現するとともに、その前提となる持続可能な未来（サスティナブル社会）の実現を構築する社会的責任を負っていると考えられています（北村、67頁）。温室効果ガス排出のように、企業活動が環境に対して悪影響を与えることは避けられませんが、与えてしまった悪影響を改善するため、たとえ法律で義務づけられていなくとも、義務づけられているならばそれ以上の積極的な活動に取り組むべきなのです。

　テレビCM等で、企業のSDGs活動が紹介されるケースが増加しています。温室効果ガス削減のための国内外における植林活動に対する取り組みや、発電段階で温室効果ガスを発生させない太陽光などの再生可能エネルギーを活用した企業活動が紹介されるCMを目にしたことがあるでしょう。

　消費者がSDGsに積極的に取り組む企業の商品、サービスを積極的に選択

することになれば、企業はより環境問題に積極的になり、さらなる促進効果が期待できるのです。

5）排出権取引の仕組み

　排出権取引とは、排出量削減に市場メカニズムを導入し、企業に温暖化ガス排出の一定量を「排出権」としてあらかじめ割り当て、その過不足分を市場において売却、調達させるシステムです。

　企業は割当量に残余分が発生した場合、市場で余剰を売却し利益を得ることが可能です。しかし削減量を達成できなかった場合には、不足分を購入する必要があり、コスト負担となります。また、自らの努力による排出量削減のコストと、排出権の買取価格を比較して、よりコストの低い方法を選択することも可能です。

　削減された排出量が金銭的な価値をもつことで、削減コスト負担の低い企業が利益獲得手段として一層削減量を増やすことが予測され、国際市場が整備されれば、地球全体で排出量と削減コストを下げる効果が期待されています。

　京都議定書において、国際的な取引市場の構築が提案されましたが、各国に割り当てられる「排出枠」に不公平感があることや、先進国がコストをかけて開発したシステムを、途上国では開発コストなしで導入が可能という削減コストの不公平感があり、いまだ実現していないのです。

■発展課題

1　これまで問題となった企業不祥事について、それぞれの発生原因について調査してみましょう。

2　アメリカの最高経営責任者とわが国の代表取締役社長の報酬について、規模が同程度の企業間で比較し、また、なぜ差異があるのか調査してみましょう。

3　京都議定書で定められた各国の努力数値の達成状況について調査してみましょう。また、地球温暖化と二酸化炭素との関係に疑問を呈する主張もあります。調査してみましょう。

■参考文献

鳥養雅夫・大堀徳人・山田洋平編著『コーポレート・ガバナンスからみる会社法（第2版）』商事法務、2015年

郷原信郎編著『企業法とコンプライアンス（第3版）』東洋経済新報社、2017年

神田秀樹・小野傑・石田晋也編『コーポレート・ガバナンスの展望』中央経済社、2011年

北村喜宣『環境法（第5版）』弘文堂、2020年

日本弁護士連合会編『ケースメソッド環境法（第3版）』日本評論社、2011年

事業構想研究所編『SDGsの基礎』事業構想大学院大学出版部、2018年

9 章

技 術 と 法

今日、技術（technology）の進歩により豊かな生活が享受できる一方で、それに伴い、様々な法的課題も生じています。本章では、数ある技術に関する法の中でも、とりわけ重要と思われる2つの法について取り上げます。ひとつは、技術の発展により生じ得る被害者の保護を図るとともに国民生活の安定向上と国民経済の健全な発展に寄与することを目的として定められた「製造物責任法」です。いまひとつは、わが国の産業の国際競争力の強化を図ることの必要性が増大している状況に鑑み、世界に通用する科学技術の創出やそれに伴う権利の保護を図るために重要な「知的財産法」について概観します。

1　製造物責任

1）製造物責任とは

「製造物責任（Products Liability）」とは、広義では、製造物の欠陥により損害が生じた場合、製造業者等に責任を負わせることをいいます。

現代の社会構造では、大量生産、大量販売、大量消費が当然とされており、消費者は製造業者等が欠陥のない製品を製造しているものと信頼して製品を購入します。そこで、同一規格、同一品質を備えたものと信頼して購入した製品などに欠陥があり、それにより消費者が損害を被った場合、そのような消費者を保護するため、消費者が製造業者等に過失があることを立証することなく、製造業者等に責任を負わせるために製造物責任の法理が確立されました。わが国に比べアメリカやヨーロッパ諸国では、早くから製造物責任について製造業者等の無過失責任を認めた法理が判例や立法によって確立され

ていました。

2）製造物責任法とは

　1995（平成7）年7月1日、被害者救済の観点から無過失責任を特徴とする製造物責任法（いわゆる PL 法）が、民法上の不法行為責任の特別法として施行されました。製造物責任法3条は、製造業者等が引き渡した製造物の「欠陥により他人の生命、身体又は財産を侵害したときは、これによって生じた損害を賠償する責めに任ずる。ただし、その損害が当該製造物についてのみ生じたときは、この限りでない」と規定しています。このような同法がいかなる場合に適用されるのか、次の例に基づいて考えてみましょう。

　例：X は、Z 社製造のギョーザ（包装袋にも Z 社の社名が明記されている）を Y スーパーで購入しそれを食したところ、ボツリヌス菌による食中毒に罹ったことから、食中毒の原因が Z 社製造のギョーザにあったと主張し、X が製造物責任に基づき治療費等の損害賠償を請求した。X の請求は認められるか（東京地判平 13 年 2 月 28 日判タ 1068 号 181 頁〔輸入瓶詰オリーブ食中毒事件〕参照）。

3）製造物責任法適用の要件

　製造物責任法に基づき被害者の製造業者等に対する損害賠償請求が認められるためには、以下の要件を満たすことが必要です。

　(1)「製造業者等」であること　　製造物責任法において「製造業者等」となるのは、製造物を業として製造、加工または輸入した者（製造物責任法2条3項1号、以下、製造物）、自ら当該製造物に製造業者として氏名、商号、商標その他の表示をした者（製造物2条3項2号前段）、当該製造物に製造業者と誤認させるような氏名等の表示をした者（製造物2条3項2号後段）、当該製造物にその実質的な製造業者と認めることができる氏名等の表示をした者（製造物2条3項3号）のいずれかに該当する者をいいます。前例における Z 社は、製造物（ギョーザ）を業として製造、加工しており、また、ギョーザの包装袋の裏面には Z 社が製造業者として表示されているため、製造業者に該当します。

　(2)「製造物」であること　　製造物責任の対象となる「製造物」は、「製造又は加工された動産」です（製造物2条1項）。「製造又は加工された動産」

とは、原材料に人の手を加えることによって新たな品物を作り、またはその本質は保持させつつ新しい属性ないし価値を付加することです。具体的には、医薬品、化粧品、食品、家電製品、自動車といった引き渡された動産を対象とするため、不動産、未加工の農産物、電気などの無形のエネルギーやコンピュータソフトウェアなどは製造物には含まれないことになります。ただし、ソフトウェアを組み込んだ製品は製造物として対象となり、ソフトウェアの不具合は製造物の欠陥となり得るとされています（土庫、41頁）。食品については、原材料に加熱、味付けなどを行い、これに新しい属性ないし価値を付加したといえる程度まで人の手が加えられていれば、加工に該当すると解されています（東京地判平14年12月13日判時1805号14頁は、イシガキダイのアライ、兜焼き等にする調理行為は加工であるとしています）。前例のギョーザは加工された動産ですから、製造物に該当します。

(3)「欠陥」があること　　製造物責任法上の「欠陥」とは、「当該製造物の特性、その通常予見される使用形態、その製造業者等が当該製造物を引き渡した時期その他の当該製造物に係る事情を考慮して、当該製造物が通常有すべき安全性を欠いていること」（製造物2条2項）です。この欠陥は、一般に、「製造上の欠陥」「設計上の欠陥」「指示・警告上の欠陥」の3種類に分けられます。

　「製造上の欠陥」とは、製品が本来の設計仕様通りに作られなかったために安全性を欠く場合のことをいいます。このような製造上の欠陥においては、設計仕様通りに製造された製品とされなかった製品との違いが欠陥判断を見分ける上で重要です。前例のように製造物が食品（ここではギョーザ）である場合には、体内に摂取するというその性質上、絶対的な安全性の確保が求められており、食品事故についてはその製品が通常有すべき安全性を欠くと判断されやすいといえます（異物混入ジュースによって咽頭部を負傷したことが認められた事例につき名古屋地判平11年6月30日判時1682号106頁、イシガキダイのアライ等を食しシガテラ毒素を原因とする食中毒に罹患した客の損害賠償請求が認容された事例につき前掲東京地判平14年12月13日など参照）。一方、製造物が薬品である場合は、体内に摂取する点は食品と同様ですが、本質的に全く副作用のない医薬品は

あり得ず、医薬品を使用したことによって副作用が生じたとしても、それだけでただちにその医薬品は通常有すべき安全性を欠いているとはいえないと解されています（東京地判昭57年2月1日判時1044号19頁〔クロロキン薬害訴訟〕など参照）。

「設計上の欠陥」とは、製品の設計自体に問題を有する場合のことをいいます。製造業者の製品に対する安全性に関する選択が適切であったか否かが設計上の欠陥を判断する上で重要となります（仙台地判平13年4月26日判時1754号138頁は、自動車用品の購入者が、自動車に本件製品を取りつけている際にフックが外れ負傷した事故について、製品の設計上配慮がされていなかったとして製造業者の設計上の欠陥を肯定）。

「指示・警告上の欠陥」とは、製品を使用しまたは消費する際に発生する可能性がある危険が存在する場合に、その適切な情報を消費者に与えない場合のことをいいます。使用説明書や注意書きが十分な内容ではなかったり、全くなかったりした場合が相当します（奈良地判平15年10月8日判時1840号49頁は、小学生が誤って落とした給食用食器の破片によって目に受傷した事故について、当該食器の割れた場合の危険性について十分な表示がないとして製造会社の責任を認めました）。

(4)「欠陥」と「損害発生」との間に因果関係があること　　製造物の欠陥により、「人の生命、身体、または財産」に対して損害を与えた場合にのみ製造業者等に製造物責任法上の責任が生じ（製造物3条）、その損害が当該製造物についてのみ生じたときは、同法上の責任は認められません（製造物責任法3条ただし書）。したがって、前例においてギョーザに欠陥が認められても、それによって身体などに被害が生じなければ同法は適用されません。

被害者が製造業者等に損害賠償請求をするには、製造物の引渡しのときに欠陥が存在したことと損害の発生との間の相当因果関係を主張・立証しなければなりません。そこでこの立証を認められやすくするために、裁判所は各事案の内容に応じ、製造物責任法施行前から事実上の推定などを柔軟に活用することによって被害者の立証責任の負担を軽減してきました。食品事故については、前述のように絶対的な食品の安全性の確保が要求されるため、事

故が発生した場合には欠陥の存在と損害発生の因果関係は強く推定されると解されています（前掲名古屋地判平11年6月30日は、異物が混入したジュースを飲んだことによって負傷したという事実が明らかである以上、原因となる異物が不明であっても異物による負傷を認めジュースの欠陥を肯定しています）。前例において、Xが、ボツリヌス菌に汚染されたギョーザの欠陥によって食中毒になったという因果関係は推定されやすく、ギョーザの入っていた包装袋の開封前からボツリヌス菌およびその毒素が存在していなかったことを製造業者であるZ社側が主張・立証できない限り、この推定を覆すのは難しいといえるでしょう。結論として、製造物責任に基づくXのZ社に対する治療費等の請求は認められる可能性が高いと考えられます。

4）製造業者等の免責事由

　製造物責任法上、製造物に欠陥があると判断された場合の製造業者等の免責事由は、以下のものが掲げられます。第一に、「開発危険の抗弁」といわれるものであり、「当該製造物をその製造業者等が引き渡した時における科学又は技術に関する知見によっては、当該製造物にその欠陥があることを認識することができなかったこと」（製造物4条1号）を製造業者等が証明したときです。この抗弁が認められるのは、入手可能な最高の科学技術の水準をもってしても製造物に欠陥があったことを認識することができない場合と解されています（前掲東京地判平14年12月13日）。第二に、「設計指示の抗弁」といわれるものであり、「当該製造物が他の製造物の部品又は原材料として使用された場合において、その欠陥が専ら当該他の製造物の製造業者が行った設計に関する指示に従ったことにより生じ、かつ、その欠陥が生じたことにつき過失がないこと」（製造物4条2号）を製造業者等が証明したときです。これは、部品や原材料の製造業者が、その欠陥が他の製造業者の設計に関する指示に起因する旨の抗弁を認めるものです。

2　知的財産権の概要

1）「知的財産」「知的財産権」とは

　わが国のアニメ、ゲームソフトなどが国際的に高い評価を受けています。

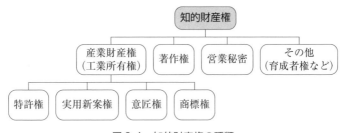

図 9-1　知的財産権の種類

アニメは人の想像力から生み出された創作物です。創作物に対する経済的価値は知的財産に関する権利として保護され、当該権利をめぐり国内間のみならず、国際間でも取引がなされます。

　わが国の知的財産基本法は、「知的財産」を、発明、考案、植物の新品種、意匠、著作物その他の人間の創造的活動により生み出されるもの（発見または解明がされた自然の法則または現象であって、産業上の利用可能性があるものを含む）、商標、商号その他事業活動に用いられる商品または役務を表示するものおよび営業秘密その他の事業活動に有用な技術上または営業上の情報と規定しています（知的財産基本法 2 条 1 項）。

　また、「知的財産権」とは、特許権、実用新案権、育成者権、意匠権、著作権、商標権その他の知的財産に関して法令により定められた権利または法律上保護される利益に係る権利と規定されています（知的財産基本法 2 条 2 項）。

　知的財産権は「産業財産権（工業所有権）」とそれ以外の知的財産権に区分することができます（図9-1参照）。特許庁所管の産業財産権には特許権、実用新案権、意匠権、商標権が含まれ、それ以外の知的財産権には著作権、営業秘密などが含まれます。

　知的財産権は、各国国内における権利として認められ、当然のように、他の国の権利として認められているわけではありません。したがって、当該権利につき保護を享受しようとする場合、保護を得ようとする国別にそれぞれ権利を取得しなければならないのが原則です。

2）知的財産権の主な種類

　ここで、知的財産を身近に感じるためにパソコンを具体例に挙げれば、そ

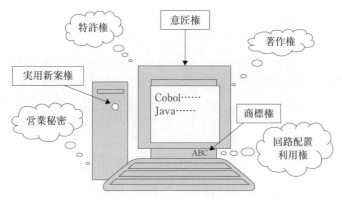

図9-2　パソコンをめぐる知的財産権

こには多くの知的財産権が絡んでいることがみて取れます。

　図9-2では、以下の知的財産権によって保護されるべき対象になりうる要素が考えられます。すなわち、①パソコンの構造の発明（特許権）、②電源スイッチ等に関する考案（実用新案権）、③パソコンのデザイン（意匠権）、④メーカーのブランドやパソコンの名前（商標権）、⑤コンピュータプログラム、ディスプレイ上の画像等（著作権）、⑥パソコンの生産に関する営業秘密、⑦半導体チップのレイアウトを保護した回路配置利用権等です。以下、知的財産権に関するそれぞれの権利の概要を説明します。

3　産業財産権

1）特　許　権

　（1）特許の目的　　特許権は、主に特許法によって規制されています。独占権の付与によって、発明者が安心して発明を世の中に開示し、開示された技術を積み重ねることによって世の中の技術水準の向上を図り、産業の発達に寄与するのが特許の目的です。

　特許権は、発明に対して与えられる権利であり、原則として、特許権が成立する特許出願の日から20年、その発明の実施についての独占権が認められます（特許法67条1項）。例外として、特許出願の日から5年を経過した日

または出願審査請求から3年を経過した日のいずれか遅い日以後に特許権の設定登録がなされた場合には、特許権の存続期間の延長登録が認められることになります（特許法67条2項）。また、医薬品等のように特許発明の実施について安全性の確保等の目的を規定する法律による許可その他の処分を受けるのに相当の期間を要するため特許発明の実施ができない場合には、その期間を回復するために5年を限度として延長登録による延長が認められることがあります（特許法67条4項）。

　特許制度は、発明者（発明を完成させた者）などにその発明を世の中に公開してもらい、第三者に利用する機会を与えて、技術の進歩を促すという役割も有しています。ここで発明とは、「自然法則を利用した技術的思想の創作のうち高度のもの」であり（特許法2条1項）、具体的な「物の発明」と、製造方法といった「方法の発明」がありますが、双方とも特許を受けることができます。

　発明において、複数の者が共同して完成させた発明を「共同発明」といい、特許を受ける権利は共同発明者の共有となります。したがって、他の共有者の同意を得なければ特許出願できず、各自の持分を譲渡することもできません。

　(2)「職務発明」

　a）**特許を受ける権利**　　特許権を取得できる者は、発明者または発明者から特許を受ける権利を取得、承継した者であり、承継人は自然人のみでなく法人もなることができます。無論、発明を行うことができるのは自然人のみであり、発明が完成すると、特許を受ける権利が発明者に帰属します。したがって、企業が特許を取得する場合には、職務発明規定として定めるのが一般的です。なお、職務発明について、契約、勤務規則等においてあらかじめ使用者等に特許を受ける権利を取得させることを定めたときは、特許を受ける権利は、その「発生した時」から企業側に帰属することとなります（特許法35条3項）。このことにより、特許を受ける権利が使用者等と第三者に二重譲渡されるおそれが解消されます（小泉、ジュリ1488号14頁）。

　b）**職務発明とは**　　職務発明とは、従業者等（従業者、法人の役員、国家公務

員または地方公務員をいう）による発明のうち、その使用者等（使用者、法人、国または地方公共団体をいう）の業務範囲に属し、かつ、その発明をなすに至った行為が従業員等の現在または過去の職務に属するものをいいます（特許法35条1項）。「職務発明」について、使用者等は無償の通常実施権（後述「特許権のライセンス」参照）を取得でき（特許法35条1項）、さらに、あらかじめ、使用者等に特許を受ける権利を取得させ、特許権を承継させ、または、使用者等のための仮専用実施権もしくは専用実施権を設定することを定めた契約等によって、仮専用実施権や専用実施権（後述「特許権のライセンス」参照）を定めておくことも可能です（特許法35条2項の反対解釈）。

c) **相当の利益**　職務発明の場合、従業者等はその発明により使用者等から「相当の利益」の支払いを受ける権利を有します（特許法35条4項）。金銭以外の利益を含むという点で2016（平成28）年改正前の特許法に規定されていた「相当の対価」とは異なるものの、改正前の特許法における「職務発明制度における法定対価請求権と実質的に同等の権利」とされています（小泉、ジュリ1488号14頁）。過去において争われた「相当の対価」の支払いをめぐる裁判例として、例えば、青色発光ダイオードの発明の対価に対して企業と発明者（従業員）が6億857万円で和解した事例（東京高和解平17年1月11日）や、キヤノンの元従業者である発明者に対する在職中の職務発明に対する相当の対価として、企業側が約6956万円の支払いを命じられた事例（知財高裁平21年2月26日）が挙げられます。

　このように、使用者側である企業と発明者である従業者側で職務発明における相当の利益をめぐり訴訟となった場合、裁判所が「相当の利益」の額を算出し、不足分については使用者側に支払いを命じます。このことは、従業者側を保護していますが、企業にとっては社内の規定等に基づいて相当の利益と思われる対価を支払っても、常に従業者側から訴訟を起こされる危険があります。そこで、相当の利益の支払いに対し、会社側の規定等が「不合理」と認められる場合にのみ、裁判所が相当の利益について算出するようになりました。すなわち、相当の利益が不合理と認められるか否かの判断は、以下の点を考慮しなければなりません。

d)「相当の利益」が不合理と認められるか否かの判断　　「相当の利益」が不合理化と認められるか否かは、①相当の利益の内容を決定するための基準の策定に際して、使用者等と従業者等との間で行われる協議の状況、②策定された当該基準の開示の状況、③相当の利益の内容の決定について行われる従業者等からの意見の聴取の状況などを考慮して判断します（特許法35条5項）。前記①〜③は例示であり、すべての手続を行わなければならないわけではないとされています。

　また、経済産業大臣は、発明を奨励するため、産業構造審議会の意見を聴いて、前記①〜③の考慮すべき状況等に関する事項について指針（ガイドライン）を定め、これを公表するものとされており（特許法35条6項）、ガイドラインでは相当の利益の付与に関する手続の適正なあり方について明示しています。

　勤務規則等において相当の利益についての定めがない場合、または、その定めたところにより相当の利益を支払うことが前記①〜③の状況により不合理と認められる場合、相当の利益の内容は、その発明により使用者等が受けるべき利益の額、その発明に関連して使用者等が行う負担、貢献および従業者等の処遇を考慮して決めることとなります（特許法35条7項）。

(3) 特許の要件

a) 産業上の利用可能性、新規性、進歩性　　発明が特許で保護される要件には、①産業上の利用可能性（特許法29条1項）、②新規性（特許法29条1項・30条）、③進歩性（特許法29条2項）が必要です。

　① 「産業上の利用可能性」に該当しないものとされているのは、例えば、人間を手術・治療・診断する方法の発明などです。一方で、医療機器、医薬自体の発明は産業上利用可能性があるものとされています。

　② 「新規性」を有しない発明とは、特許出願前に日本国内または外国において公然と知られた発明（特許法29条1項1号）、特許出願前に日本国内または外国において公然と実施をされた発明（特許法29条1項2号）、特許出願前に日本国内または外国において、頒布された刊行物に記載された発明や電気通信回線を通じて公衆に利用可能となった発明（特許法29条1項3号）のこ

とをいいます。新規性があるか否かの判断は、出願の時点とされています。

　なお、新規性喪失の例外となる場合があります。すなわち、①特許を受ける権利を有する者の意に反して公知となった場合、②特許を受ける権利を有する者の行為に起因して公知となった場合（例えば、特許出願よりも学会発表を優先した場合等）であり、公知となった日から1年以内に特許出願をする等一定の要件を満たした場合には、救済を受けられる場合があります（特許法30条）。

　③　「進歩性」とは、容易に発明をすることができないことをいいます（特許法29条2項）。進歩性の要件を判断する際に発明を評価する点として、一般的には、発明の目的、発明の構成、発明の作用効果という視点が重要なものとされています（平嶋ほか、36頁）。

　b）**先願主義、公序良俗**　　わが国は、同一の発明について複数の出願がされた場合には、最初に出願した者に特許権を付与する「先願主義」を採用しています（特許法39条・29条の2）。多くの先進国が先願主義を採用している中、唯一アメリカは最初に発明した者に特許権を付与する「先発明主義」を採用していました。しかし、特許法の改正により、先願主義へと移行（2013年3月16日施行）しています（コラム参照）。

　その他、公序良俗に反する発明は認められません（特許法32条）。

　(4)　特許権取得のための手続の流れ　　特許出願から登録までの簡単な流れとしては、出願書類を特許庁に提出した後、方式審査がなされ、不備がなければ出願後1年半を過ぎると発明の内容が「公開特許公報」への掲載によって公開されます。

　特許出願された発明の内容がすべて審査されるわけではなく、出願人または第三者が審査請求料を払い、出願審査の請求があったものだけが審査されます。審査請求は、出願から原則として3年以内に行われなければなりません。審査請求後は、厳格な審査制度を経て、拒絶理由がなければ、審査官が特許査定をなし、特許料を納付して特許登録に至ります。特許登録がされた後でも、無効理由がある場合、当事者間の紛争解決のため、利害関係人による無効審判請求も認められています（特許法123条）。

アメリカ、先発明主義から先願主義へ

　わが国をはじめ多くの先進国が先願主義をとる中、アメリカの特許制度は、先発明主義をとっていました。先発明主義は、「同一の発明について異なる者により複数の特許出願が行われた場合には、最も早く発明した者に特許を付与する」という考え方です。アメリカの特許制度は、今回の改正により、大きくみれば先願主義へ移行したといえますが、実際にはわが国の先願主義と内容が異なり、アメリカ特許法独自のルールであるグレースピリオド（one year grace period）制度は現在も維持されています。この制度は、自己の発明を出願前に発表し新規性を喪失した場合であっても、その新規性を喪失した日から1年以内に出願をすれば、その出願により新規性の喪失が失われないとするものです。したがって、先願主義とグレースピリオドとの併用のもとでは、先に公開しておけば第三者の出願に勝つことができるため、アメリカの「先願主義」は「先発表（公表）主義」であるともいわれています。

　グレースピリオドとわが国の新規性喪失の例外の制度は似ていると思うかもしれませんが、わが国の場合は、自己の公開から出願までの間に第三者が出願した場合には新規性喪失の例外を主張できないので、グレースピリオドとは大きく異なります。

---

　(5) 特許権のライセンス　　他社等に発明の実施を認める権利として、特許法は専用実施権と通常実施権を定めています。

　a) 専用実施権　　特許権者は、業として特許発明の実施をする権利を専有しますが、「ただし、その特許権について専用実施権を設定したときは、専用実施権者がその特許発明の実施をする権利を専有する範囲については、この限りでない」と規定されています（特許法68条）。したがって、専用実施権を設定された場合は、特許権者自身も、その設定された範囲については実施の権利を失うこととなります。専用実施権とは、実施権者が業として特許発明を排他的・独占的に実施できる権利をいいます（特許法77条）。専用実施権者は、自らが特許権の侵害者に対して、差止請求や損害賠償請求を行うことができます。

　b) 通常実施権　　特許権者は、その特許権について他人に通常実施権を

許諾することができ、通常実施権者は、許諾された範囲内で業として特許発明を実施できる権利（通常実施権）を有します（特許法78条）。通常実施権は実施権者が実施することを認めるための権利なので、これによって特許権者の実施が制限されるものではなく、同じ範囲を重複して他人に許諾することもできます。通常実施権者は特許権の侵害者に対して、差止請求や損害賠償請求を行えないというのが原則です。

２）実用新案権

　実用新案権は、実用新案登録を受けた考案を業として実施しうる絶対的な排他的独占権であり、主に実用新案法によって保護されています。

　実用新案登録を受けることが可能なのは、産業上利用できる「考案」であり、物品の形状、構造または組み合わせに係わるものです（実用新案法3条1項）。特許法で保護対象とされた製造方法などの「方法」は、認められません。特許法と同様に「自然法則を利用した技術的思想の創作」を保護しますが（実用新案法2条1項）、主に小発明を保護し、「考案」の場合は形式的には「発明」の構成要素である「高度性」を要求しない点で、おおむね特許より簡単な新しい技術ということができます。

　実用新案法は、1993（平成5）年の改正で新規性、進歩性という実体的要件は登録に際して審査せず、無効審査請求があった場合に審査をすることで早期に権利を付与するようにしました。その一方で、実用新案権の存続期間は10年間として、特許権よりも保護期間を短縮しています（実用新案法15条）。存続期間の延長はありません。

３）意　匠　権

　意匠権は、主に意匠法によって保護されています。意匠法は、意匠の保護および利用を図ることにより、意匠の創作を奨励し、もって産業の発達に寄与することを目的としています（意匠法1条）。ここで「意匠」とは、物品の形状、模様もしくは色彩またはこれらの結合、建築物の形状等または画像であって、視覚を通じて美感を起こさせるものをいいます（意匠法2条1項）。2019（令和元）年の意匠法の改正により、物品に記録・表示されていない画像や、建築物の外観、内装のデザインについても、新たに保護の対象となり

ました。また、本条でいう「物品」とは、パソコン、テレビ、自動車といった一定の機能を有した具体的な物のことであり、それ自体が鑑賞の対象となる絵画などは意匠ではありません。

　意匠権の存続期間は、意匠登録出願の日から25年をもって終了します（意匠法21条1項。2019年の意匠法の改正により、意匠権の存続期間は「登録の日から20年」から「登録出願の日から25年」に変更されました）。存続期間の延長はありません。

　意匠登録の出願については、特許の場合と異なり審査請求の制度を有せず、すべての出願が審査されます。審査官が拒絶理由（意匠法17条）を発見せず、または解消された場合、意匠登録査定がなされ、出願人が登録料を納めると意匠権の設定登録がなされ意匠権が成立します。

4）商　標　権

　商標権は、主に商標法によって保護されています。商標法は、商標を保護することにより、商標使用者の業務上の信用の維持を図り、もって産業の発達に寄与し、あわせて需要者の利益を保護することを目的としています（商標法1条）。

　「商標」とは、人の知覚によって認識することができるもののうち、文字、図形、記号、立体的形状もしくは色彩またはこれらの結合、音その他政令で定めるものと規定されています（商標法2条1項）。

　(1) 新しいタイプの商標　　特許法の一部を改正する法律（平成26年5月14日法律第36号）により商標法が改正され、①動き商標（例えば、パソコン画面に映し出される変化する文字や図形など）、②ホログラム商標（例えば、見る角度によって変化して見える文字や図形など）、③色彩のみからなる商標（例えば、ブランドのシンボルである青白黒のスリーブのみで文字なしのように、商品の包装紙に使用される色彩など）、④音商標（例えば、パソコンの起動音など）、⑤位置商標（図形等を商品等に付す位置が指定される商標）、といった5つのタイプの商標が登録できるようになりました（「新しいタイプの商標の保護制度」特許庁HPより引用）。

　(2) 商標の機能など　　商標は、営業上の信用や需要者の利益を保護するために、以下3つの機能を有しています。すなわち、自他識別力を有することで、一定の商品・役務は同一の事業者に由来するものであることを需要

者や取引者に示す「出所表示機能」、同一の事業者が一定の種類の商品・役務を販売・提供するにあたって当該一定の種類の商品・役務であれば品質が同一であることを示す「品質保証機能」、テレビ、新聞等のメディアを通して、商品・役務の宣伝に役立つ「宣伝広告機能」です（角田＝辰巳、229頁）。

　商標登録の出願から登録までの手続は、基本的には特許などと同様ですが、特許法と異なり、審査請求制度はなく、すべての出願が審査の対象となります。商標登録を受けると商標権が成立し、商標権者は、登録商標として指定した商品・役務についての登録の日から原則として10年間その商標を独占して使用することができます（商標法19条1項・25条）。商標を保護することにより、商標を使用する者の業務上の信用の維持を図ることを目的とするため、商標権の存続期間は、商標権者の更新登録の申請により何度でも更新が可能です（商標法19条2項）。

4　産業財産権以外の知的財産権

1）著　作　権

(1) 著作権の目的と著作物

　著作権は、主に著作権法によって保護されています。著作権は、著作物ならびに実演、レコード、放送および有線放送に関し著作者の権利およびこれに隣接する権利を定め、これらの文化的所産の公正な利用に留意しつつ、著作者等の権利の保護を図り、もって「文化の発展に寄与する」ことを目的としています（著作権法1条）。

　著作権法は、「思想、感情」を「創作的」に表現したものであって、文芸、学術、美術または音楽の範囲に属するものを保護し（著作権法2条1項1号）、この保護対象を「著作物」といいます。著作物というには「思想、感情」を要するため、客観的な事実やデータは該当しません。「創作的」とは創作者の何らかの個性が発揮されていれば十分であり、一般には他人の著作物の模倣ではなく、創作者が自ら作成したのであれば創作的なものとなるとされています（茶園、13頁以下）。この法律にいう著作物を例示すれば、おおむね次の通りです。すなわち、著作物には、小説、脚本、論文、音楽、舞踊、絵画、版画、彫刻、建築、地図または学術的な性質を有する図面、図表、模型、映

画、写真、プログラムが含まれます（著作権法 10 条 1 項）。そのほか、例えば、著作物の翻訳や小説の映画化など、翻案することにより創作した二次的著作物も含まれます（著作権法 2 条 1 項 11 号）。逆に、保護対象とならない著作物は、①憲法その他の法令、②国または地方公共団体等が発する告示等、③裁判所の判決等、前記①～③の翻訳物および編集物で、国等が作成するものが該当します（著作権法 13 条）。

(2) 著作者の権利　　著作者には、著作物の創作により、著作者の財産的利益を保護する「著作権」と、著作者の精神的利益を保護する「著作者人格権」が付与され、これらの権利を取得するのは著作者です（著作権法 17 条 1 項、平嶋、124-125 頁）。

2 人以上の者が共同して創作した著作物であり、その各人の寄与を分離して個別的に利用することができない場合、「共同著作物」となり、各人が著作権を有します（著作権法 2 条 1 項 12 号）。反対に、章ごとに異なる人物が執筆した本などは、個別に利用できるため、共同著作物には該当しません。

一方、一定の要件が整えば、従業員等が職務上作成した著作物について、その作成の時における契約、勤務規則その他に別段の定めがない限り、その法人等の著作物となることも認められています（著作権法 15 条）。

著作者人格権は著作者の精神的利益を保護するための権利なので著作者の一身に専属し、他人に譲渡することはできません（著作権法 59 条）。一方、著作権は、財産的利益を保護するために、その全部または一部を譲渡することができます（著作権法 61 条 1 項）。

著作権は著作をすれば当然に発生し、その存続期間は、原則として著作者の死後（共同著作物の場合は、最後に死亡した著作者の死後）70 年を経過するまでとなります（著作権法 51 条）。「環太平洋パートナーシップに関する包括的な協定」の発効日が 2018 年 12 月 30 日とされ、著作権法の改正が同日から施行されたことにより、原則的な保護期間が 50 年から 70 年になりました。映画の著作物は、公表後 70 年となります（著作権法 54 条）。保護期間の計算方法は、著作者が死亡した日の属する年の翌年から起算します（著作権法 57 条）。著作権は、特許権等のように登録の手続は要しませんが、無名もしくは変名

の著作物については実名を登録することができ（著作権法 75 条）、また、発効日の登録もできます（著作権法 76 条）。

(3) 著作権の制限　　著作権者から利用の許諾を受けた者は、許諾された方法・条件の範囲内で著作物を利用できます（著作権法 63 条）。したがって、勝手に他人の著作物を複製したりすることは許されません。ただし、例外として、「個人的に又は家庭内その他これに準ずる限られた範囲内において使用することを目的とするとき」は、著作権法 30 条 1 項 1 号以下に定める例外の場合を除き、その使用する者が著作権者の許可なく無断で複製することができるとされています（著作権法 30 条 1 項）。

例えば、A がコンビニのコピー機で地図をコピーしようとした場合、著作権法 30 条 1 項 1 号は、「公衆の使用に供することを目的として設置されている自動複製機器を用いて複製する場合」を無断で複製することができる場合の例外として定めているため、A はコピーをすることができないということになります。ただし、附則の 5 条の 2 において、著作権法 30 条 1 項 1 号が規定する自動複製機器（コピー機）には、当分の間、文書または図画の複製に供するものを含まないと定められているため、A は、コンビニのコピー機で地図をコピーすることが認められます。

2）営 業 秘 密

営業秘密は、トレード・シークレット（trade secret）とも呼ばれています。ノウ・ハウ（know how）と呼ばれているのもその一種ですが、ノウ・ハウは一般に技術上の秘密を意味しているのに対し、営業秘密はそれよりも広い概念であるといわれています。

営業秘密は、①「秘密として管理」（「秘密管理」）されている生産方法、販売方法その他の事業活動に②「有用な」技術上または営業上の情報であって、③「公然と知られていない」（「非公知性」）ものをいいます（不正競争防止法 2 条 6 項）。①秘密管理とは、その情報にアクセスできる者が制限されていて、アクセスした者には営業秘密であることが認識できるようにされていなければなりません。また、②有用性についても、保有者の主観ではなく客観的に判断されます。設計図、マニュアル、研究データ、顧客名簿などがその一例で

す。そして、③非公知性とは、保有者の管理下以外では、通常手に入れることができない状態にあることをいいます。

　営業秘密を不正な手段によって取得、使用、開示などの行為をすることは、禁止されています（不正競争防止法2条1項4〜10号）。

　営業秘密は、秘密性を失えばその価値も失われるため、企業は秘密性を保持するよう努めなければなりません。わが国においては、不正競争防止法により、営業秘密に対して民事的に保護が与えられ、一定の行為に対しては差止請求（不正競争防止法3条1項）や、損害賠償請求（不正競争防止法4条）が認められているほか、一部の行為には刑事罰（不正競争防止法21条）が科されることもあります。

5　これからの知的財産権

1）わが国の知的財産戦略

　わが国では、知的財産の重要性に関する国民の認識の高まりを受けて、2003年3月に知的財産戦略本部が設置されました。戦略本部においては、知的財産を中心に産業の国際競争力を強化し、国富を増大させる「知的財産立国」を実現するため、2003年7月に約270項目の施策を盛り込んだ「推進計画2003」を策定し、それ以降、毎年定められている推進計画に基づき各種の施策が実行に移されてきました。例えば、大学知的財産戦略本部や技術移転機関（TLO）を全国各地に設置し、大学などの研究成果を民間に移転する体制の整備を進め、また、職務発明の対価の問題については、特許法35条を改正し、発明者だけではなく使用者である企業者側の要請も取り入れた内容となっています（前出職務発明の内容を参照）。特許審査迅速化計画の策定や任期付審査官の大量採用等審査期間短縮のための体制整備を進め、知的財産に関する訴訟を専門に扱う知的財産高等裁判所が2005（平成17）年4月に発足しました。同裁判所は、主として、知的財産に関する訴訟の控訴事件と、特許庁が下した審決の取消訴訟を扱っています。

　「知的財産推進計画2020〜新型コロナ後の『ニュー・ノーマル』に向けた知財戦略〜」（2020〔令和2〕年5月27日知財戦略本部会合決定）においては、新

型コロナの「ニュー・ノーマル（新たな日常）」の下で、「脱平均」「融合」「共感」および「デジタル革新」を進めるために必要な政策について、基本的な方針を示しています。

　以上、みてきたように、わが国においても知的財産保護の整備が進められています。また、アメリカ、ドイツ、フランス、韓国など各国においても知財裁判所が設置されており、知的財産の保護に対する取り組みは、世界各国において共通の課題となっています。国際取引活動が活発である現在、知的財産分野においても国際的な枠組みが必要とされ、条約締結など各国の努力がなされてきています。以下、国際的な知的財産保護について概観し、本章の締めくくりとします。

２）国際的な知的財産保護の仕組み

　1883年の「工業所有権の保護に関するパリ条約」は、工業所有権に関し、国際的な工業所有権保護の仕組みを定めた重要な条約です。同条約は、以下の３点に特徴を有します。

　第１に、同条約２条１項は、「……同盟国の国民は、内国民に課される条件及び手続に従う限り、内国民と同一の保護を受け、かつ、自己の権利の侵害に対し内国民と同一の救済を与えられる」と規定し、より広く外国人の権利を認めようとした点です（内国民待遇の保障）。

　第２に、同条約４条Ａの１項は、「いずれかの同盟国において正規に特許出願若しくは実用新案、意匠、若しくは商標の登録出願をした者又はその承継人は、他の同盟国において出願をすることに関し、以下に定める期間中優先権を有する」と規定し、複数国への出願者に対し、同時出願の強要を排し、利便性を確保している点です（優先権制度）。

　第３に、同条約４条の２の１項は、「同盟国の国民が各同盟国において出願した特許は、他の国（同盟国であるかどうかを問いません）において同一の発明について取得した特許から独立したものとする」と規定し、各同盟国において出願した特許はそれぞれ独立のものであるとしている点です（各国特許の独立の原則）。

　そのほか、世界各国へ特許出願を行おうとすると手続面の負担が重くなる

ため、それに配慮し、国際出願制度の創設を規定した「特許協力条約（Patent Cooperation Treaty：PCT）」（1970 年）や、著作権保護のための「文学的及び美術的著作物の保護に関するベルヌ条約（Convention de Berne pour la protection des œuvres littéraires et artistiques)」（1886 年）などがあります。なお、知的所有権の国際的保護を目的として、世界知的所有権機構（WIPO）が設立され、活動を続けています。

■発展課題

1　A 社製造の新型冷蔵庫を X 家電小売店で購入した甲が通常の用法にしたがって使用していたところ、冷蔵庫の背面部分から出火し、台所の床や壁の一部が焼失、それに伴い、甲自身も火傷を負ってしまいました。この場合、甲は誰に対して責任を問い、損害賠償請求をするべきでしょうか。民法および PL 法を駆使して論じましょう。

2　職務発明における「相当の利益」（「相当の対価」でも可）をめぐる裁判例を一つ探し、事実概要、判旨、判旨に対する見解をまとめましょう。

3　みなさんの身の回りにある物（例 パソコン、携帯等）には様々な知的財産が利用されています。興味のある物を一つ取り上げ、その物をめぐる知的財産とそれを保護する法律の内容をまとめましょう。

■参考・引用文献

平嶋竜太・宮脇正晴・蘆立順美『入門　知的財産法　第 2 版』有斐閣、2020 年
角田正芳・辰巳直彦『知的財産法　第 9 版』有斐閣アルマ、2020 年
田村義之『知的財産法　第 5 版』有斐閣、2010 年
盛岡一夫『知的財産法概説　第 5 版』法学書院、2009 年
特許庁ホームページ（https://www.jpo.go.jp）
土庫澄子『逐条講義　製造物責任法　第 2 版』勁草書房、2018 年
日本弁護士連合会消費者問題対策委員会『実践 PL 法（第 2 版)』有斐閣、2015 年
升田純『最新　PL 関係判例と実務　第 3 版』民事法研究会、2014 年
長瀬二三男『製造物責任法　早わかり　新訂版』一橋出版、1995 年
ジュリスト 1488 号

茶園成樹編『知的財産法入門　第 2 版』有斐閣、2017 年
文化庁ホームページ（https://www.bunka.go.jp/）

10 章

憲法の平和主義

1　憲法前文に記された戦争放棄

　GHQ（連合国軍最高司令官総司令部）の占領下に行われた、大日本帝国憲法の改正による日本国憲法の制定は、戦後の日本の政治体制として戦争放棄を第一の目的としています。

　憲法の前文においてまず「政府の行為によつて再び戦争の惨禍が起ることのないやうにすることを決意し、（中略）この憲法を確定する」と宣言し、さらに「日本国民は、恒久の平和を念願し、人間相互の関係を支配する崇高な理想を深く自覚するのであつて、平和を愛する諸国民の公正と信義に信頼して、われらの安全と生存を保持しようと決意した。われらは、平和を維持し、専制と隷従、圧迫と偏狭を地上から永遠に除去しようと努めてゐる国際社会において、名誉ある地位を占めたいと思ふ。われらは、全世界の国民が、ひとしく恐怖と欠乏から免かれ、平和のうちに生存する権利を有することを確認する」として、平和主義の貫徹が国民の責務であることを表明し、その実現手段としては、自国の武力によるのではなく、国際的に中立な立場からの平和外交や、国際連合等による新しい安全保障の実現を目指すことを宣言した（芦部、56頁）のです。

2　憲法9条とわが国の現状

　この平和主義を実現するため、9条は1項において、「日本国民は、正義と秩序を基調とする国際平和を誠実に希求し、国権の発動たる戦争と、武力による威嚇又は武力の行使は、国際紛争を解決する手段としては、永久にこ

れを放棄する」と規定し、さらに2項では、「前項の目的を達するため、陸海空軍その他の戦力は、これを保持しない。国の交戦権は、これを認めない」と規定しています。

　9条を日本語として文言通り読むのであれば、わが国は完璧な不戦規定をもっていることとなります。

　しかし、憲法施行からわずか3年後の1950（昭和25）年、朝鮮動乱をきっかけとしてGHQによる対日占領政策（事実上、アメリカによる単独統治）は大きく転換されます。それまでは、わが国を敗戦国として完全に武装解除することを占領政策の要としていましたが、中国、北朝鮮と立て続けに社会主義化するアジア情勢から、アメリカはわが国を「仲間」として受け入れるとともに、国家の自衛は主権国家における当然の責務であるとの考えから、自衛隊の前身である警察予備隊が組織されるのです。敵であるならば弱い方が、しかし仲間であるならば足手まといにならないよう、強い方が都合がよいのです。

　1953（昭和28）年4月28日、サンフランシスコ平和条約による主権回復と同時に日米安全保障条約が発効し、日本を防衛する名目で米軍はこれまで通り駐留することとなりました。今日に至るまで、幾度となく訪れる世界平和の危機的状態から、自衛隊は規模、装備の強化を余儀なくされ、2020（令和2）年度の防衛予算は5兆3000億円を超えています。また、政府はこれまで集団的自衛権について、一貫してその行使には慎重な姿勢をとり続けていましたが、2015（平成27）年、安全保障関連法案の成立により行使を認める立場に変更しています。

　憲法施行からすでに70年が経過しますが、急速に世界情勢は変化しており、9条に対する議論はこれまで以上に高まっています。本章においては、このような背景も考慮し憲法9条の成立からその解釈、現在の問題点について概説することとします。

1）憲法9条の発案者

　それでは9条の発案者は誰で、どのような経緯を経て制定されたのでしょうか。

その発案者については諸説あるのですが、GHQ 最高司令官であったマッカーサーが、対日占領政策についてその覚え書きとして綴った「マッカーサー・ノート」に平和主義が唱えられていることから、マッカーサーとする説が有力です。

　ポツダム宣言における対日占領政策の基本方針に基づいて、マッカーサーが作成した9条の原案では、自衛権すら放棄する完全な不戦規定とすることを想定していましたが、GHQ 内部からの提言により自衛の余地を残す形に修正が行われています。そして、その原案に、芦田均を委員長とする「帝国憲法改正案委員小委員会」において「日本国民は、正義と秩序を基調とする国際平和を誠実に希求し」という文章が追加され、現在の条文として成立するに至ったと考えられています。

　マッカーサーは9条の発案者について、後に、「マッカーサー大戦回顧録」において、戦後処理内閣の幣原喜重郎首相がマッカーサーの執務室を訪れ、戦争放棄を軸とした平和憲法を提案し、マッカーサーは自らと同じ考えをもつことに感銘をうけたと説明しています（マッカーサー、456頁）。幣原喜重郎は戦時中外務大臣を務め、諸外国の情勢に詳しいことから一貫して米英との戦争回避を唱えた人物です。発案がマッカーサーか、幣原喜重郎であるのか今となってははっきりしませんが、このようなマッカーサーの発言は、日本人が新憲法を GHQ により「押しつけられた」ものであるとして順守しなくなることを恐れたゆえの発言と考える説もあります。

　いずれにしても明治憲法の改正、そして9条の制定について GHQ、特に最高司令官であるマッカーサーがイニシアチブをとったことは事実であり、その意向が強く働いていることは否定できないと考えます（袖井、204頁）。

２）憲法 9 条 1 項の解釈

　(1) 戦争の放棄　　9 条 1 項は、「国権の発動たる戦争、武力による威嚇、武力の行使」を放棄すると規定しています。「国権の発動たる戦争」とは、対立する国家間において、その一方による宣戦布告または最後通牒により明示的に戦争の意思表示が行われ、戦時国際法の適用を受けるものをいいます。すなわち、今日一般に戦争といわれる行為に該当するものです。また、「武

力の行使」とは宣戦布告等の明示的な意思表示はされていないが、戦争に属する武力の衝突が生じている実質的な戦争状態をいいます。一般には紛争と表現されます。さらに実際には武力行使していないが、要求を受け入れなければ武力を行使するという態度を示し相手国を脅すことを「武力による威嚇」と表現します。

　条文をそのまま日本語として読むならば、9条は完全な不戦を規定していると解釈することが可能です。しかし、戦争、武力による威嚇・行使を禁ずる規定には、「国際紛争を解決する手段としては」という限定条件が加えられています。この限定条件をどのように解釈するかにより、9条は様々にその形を変えてゆくのです。

　(2) **自衛権の存否**　　自衛権とは、他国による急迫・不正の侵害に対抗するための防衛手段をとる権利であり、国連憲章51条においても、主権国家の固有の権利として認められています。

　前述したように憲法は、他国に対する不正な侵害を、非軍事行動を含め放棄することを明文化しておりこの点に争いはありません。しかし自衛権までも放棄しているか否かについて、学説は対立しています。

　指摘したように、9条1項において放棄した戦争行為には、「国際紛争を解決する手段としては」という限定条件が加えられています。それではこの限定条件をどのように解釈すべきなのでしょうか。

　国際紛争を解決する手段としての戦争とは、パリ不戦条約（ブリアン=ケロッグ協定）など国際法上の通常の用語例によると「国家政策の手段としての戦争」と同じ意味であり、具体的には「侵略戦争」を意味している、という解釈があります（芦部、57頁）。この解釈に基づけば、国際紛争の解決を目的としていない（つまり侵略戦争ではない）自衛権行使は可能であるということになります（限定行使説、政府見解）。

　しかし、歴史上の戦争の多くは自衛権の行使を大義名分として勃発しており、戦争行為が自衛を目的としたものか、侵略であるのかという区別は困難ですし、それは事後において戦勝国が行うことが一般的なのであまり意味はありません。したがって「国際紛争を解決する手段としては」をそのまま日

本語で解釈して、国際紛争とは「国家間の争いごと」をいうのであって、自衛権の行使を含めあらゆる国家間の紛争における戦争行為が放棄されている、と考える説もあります（全面放棄説）。

(3) **自衛権発動の要件**　自衛権の発動に際しては、2015 年安全保障関連法案の成立により集団的自衛権の行使が可能になり、行使の要件が見直され新 3 要件として公表されています。

自衛権の行使には、①わが国に対する武力攻撃が加えられたこと、またはわが国と密接な関係にある他国に対する武力攻撃が発生し、これによりわが国の存立が脅かされ、国民の生命、自由、幸福追求の権利が根底から覆される明白な危険があること「必要性の要件」。②外国から加えられた侵害が急迫不正であるという「違法性の要件」。③自衛権の発動としてとられた措置が加えられた侵害を排除するのに必要な限度のもので、釣り合いがとれていなければならないという「均衡性の要件」。以上の 3 要件を満たしている必要があるのです。

(4) **自衛権行使の態様**　自衛権の行使が必要とされる場合、どのような対処が可能かという点について、一定の実力行使を認めるか否か、実力行使を認めるとしてどの程度の実力行使が許容されるのか、様々な学説が対立しています。

実力行使は認められないとする学説は、9 条 2 項において、「戦力はこれを保持しない、交戦権はこれを認めない」と規定されていることから、自衛隊は違憲の存在であり、結果的に自衛のための武力行使は放棄されているとして、自衛権は外交交渉による侵害の未然回避、警察による侵害排除、民衆蜂起等により行使されなければならない（武力なき自衛権）としています。

この説に対して、一定の実力行使を認める学説は、自衛隊による自衛のため一定の範囲内における武力行使は 9 条が禁ずるものではなく、「交戦権」とは船舶の臨検、拿捕の権利、占領地行政の権利などを総称し、憲法はこれらの権利を自ら主張しないと定めたものであり、不正な侵害行為を排除するという自衛権の行使は禁じられていないとする説（政府見解）と対立しています。

3）憲法9条2項の解釈

（1）**戦力**　　9条2項において保有が禁止される「戦力」とはどのようなものでしょうか。学説は全般的に厳格な解釈ですが、政府は緩やかに解釈しています。

第1説は、戦争に役立つ可能性のある一切の潜在的能力を戦力とする説で、自衛隊だけではなく、軍事生産可能な施設、飛行場、港湾施設等も戦力に含まれることとなり、戦力の範囲を最も厳格に解釈する説です。

第2説は、外敵の攻撃に対して、国土を防衛するという目的にふさわしい内容を有する軍隊、および有事の際にこれに転化し得る程度の実力部隊を戦力とする説です。この説に従えば自衛隊は憲法の禁ずる武力となり解散を余儀なくされます。なお、警察は国内の治安維持を主たる目的としており装備等も限定され、外敵の侵攻から国土を防衛することを目的としている軍隊とはその性質が異なる組織であり、戦力に該当しないと考えます。

第3説は、近代戦争遂行に役立つ程度の装備および編成を備えたものを戦力とする説で、かつての政府見解でした。しかし、自衛隊の装備が充実し近代戦争の遂行が十分可能であることが疑いなくなるとともに、次の第4説に改められています。

第4説は、自衛のために必要な最小限度の実力を超えるものを戦力とする説で、現在の政府見解です。何が最小限度の実力を超えるものなのか具体的な基準はないので、海外の情勢、科学技術、軍事技術の進歩等を基準としてその程度を決める相対的な概念となり、曖昧さは残ります。

現在、自衛隊はミサイル迎撃システムを配備するとともに世界最先端の軍備を充実させていますが、敵基地に対する先制攻撃を行うことを主たる目的としている大陸間弾道ミサイル、空母のような戦略兵器は保有していません。つまり、政府は保有していない「戦略兵器」を9条2項の禁ずる「戦力」と考えているのです。

しかし、中国の海洋進出に対抗するため、ヘリコプターの搭載を目的とした護衛艦「いずも」を改良し、垂直離発着の可能な戦闘機を搭載することを可能とする計画が進行中です。保持することが禁じられる戦力の範囲がます

ます狭まることとなりそうです。

(2) 9条の法規範性　　　法規範性とは、法律の規定が裁判所の判決を拘束する効力をもつことをいいます。例えば刑法199条に規定される殺人罪は5年の懲役または禁固を最も軽い刑（最低刑）と規定しています。裁判所は殺人事件を裁く際、事件の背景に情状が酌量されるべき理由がある場合には、刑の執行を猶予することは可能ですが（執行猶予付き判決）、「3年以下の懲役」というような、最低刑を充たさない判決を下すことはできません。すなわち刑法199条は裁判所の判決を拘束する、法規範性をもつ規定なのです。

　通常、法律の規定は法規範性を有するのが当然ですが、9条については争いがあります。

　9条の法規範性の有無について、通説は法規範として公権力および国民に対して拘束力を有する規定であり、裁判所がこれを基準として違憲審査権を行使できる、と考えます。しかし、9条は単なる政治的マニフェストにすぎず法規範性を否定する説、もしくは拘束力を有しているとしても、高度の政治的判断を伴う理想が込められた規定で、その裁判規範性はきわめて希薄なものであり、政治的な規範としての性格が強い、という説（伊藤、108頁）も有力です。

　これまでに自衛隊が9条2項において禁止されている戦力に該当し、違憲であるか否かについての訴訟が提起されたことがあります。地裁判決では違憲判決が出された例もあるのですが、高裁・最高裁判決では「一見きわめて明白に違憲無効と認められない限り、裁判所の審査になじまない」と判示し司法判断を回避しています（最大判昭34年12月16日、札幌地判昭42年3月29日判時476号25頁、札幌地判昭48年9月7日判時712号24頁、水戸地判昭52年2月17日判時1004号22頁）。

　一見きわめて違憲無効とは、わが国が、明らかに侵略戦争を始めたような場合であり、裁判所が9条に基づく司法審査を行い判決を下すのは、きわめて限定されるという立場です。しかし、もはやわが国が明らかに侵略戦争を行う事態を想定することは少ないと考えます。

　判決では、「9条の法規範性は政治的な意味合いが強く、9条の問題につい

ては、国会その他の政治的な場において主張すべきで、国民がその効力を争うためには、裁判所における訴訟ではなくて選挙における投票に訴える必要がある」、としています。

司法判断を回避する裁判所の姿勢について批判はありますが、確かに9条に関する問題は、国の安全保障という高度の政治性を持つことがらに関する内容であり、終局的には主権者である国民の政治的意思によって決定されるべきで、国民に直接の責任を負わない裁判所の司法審査に9条の判断を全面的にゆだねることにも疑問が残る（伊藤、107-108頁）、という考え方にも妥当性はあります。

3　憲法9条と安全保障法制

1）自衛行動の範囲と先制攻撃

わが国の自衛権が及ぶ地域的範囲は、自国の領域内に限定されるのでしょうか。

発射された弾道ミサイルをレーダー等で捕捉し、着弾前に迎撃ミサイルで破壊するというミサイルディフェンス計画が日米の共同研究で実戦配備されています。しかし実際にミサイルが発射された場合、短時間にターゲットまで到達することが予想され、その監視、捕捉は容易ではありません。また、同時に複数のミサイルが発射されれば、迎撃能力を超えて撃ち漏らすことも想定されます。遠隔地からの攻撃に対する自衛の確実性を高めるためには、ミサイルが発射されることが明らかになった場合、自衛権の行使として他国領内の基地を先制攻撃することも認めるべきでしょうか。

政府は自衛権の地理的範囲について、必ずしもわが国の領域に限定されず、自衛権行使に必要な限度内で公海、公空に及ぶとしています。また、前述したミサイル攻撃のように、海外から急迫不正の侵害を受け、わが国が滅亡の危機にあり、他に有効な方法がない場合に限って、外国領土にある敵基地を攻撃することも、自衛の範囲と考える余地はあるとの見解を示しています。しかし先制攻撃は、これまでの自衛隊の任務は国土を防衛することに限定するという「専守防衛」原則に反することとなるし、日米安保条約で守られて

いるわが国はそもそも先制攻撃能力のある武器を保有せず、代わりに在日米軍が保有するというシステムとなっています。

先制攻撃については自民党の弾道ミサイル防衛に関する検討チームも議論を始めていますが、国民的な議論も必要なテーマです。

また、ミサイルのターゲットがわが国であれば、自衛権の発動に地理的範囲以外に問題はありませんが、ターゲットが友好国であるアメリカであった場合、もしくは他国をターゲットにしていることが判明した場合にそれを迎撃すること、またはターゲットとされている国に詳細なデータ等の情報を提供することは、自衛権の範疇を越え、「集団的自衛権」行使の問題になるおそれがあります。

2）個別的自衛権と集団的自衛権

個別的自衛権は、自国が侵害を受けた場合、実力を持ってそれを阻止することをいいます。近年注目されている集団的自衛権とは、他の国家が武力攻撃を受けた場合、当該国家と密接な関係にある国家が被攻撃国を援助し、共同して防衛に当たる権利のことです。

集団的自衛権は、国連憲章51条において個別的自衛権とともに、主権国家の固有の権利として認められていますが、政府はこれまで集団的自衛権について、「我が国はこれを有しているが、その行使は自衛のための必要最小限度を超えるものであって認められない」という立場を貫いていました（政府答弁　昭56年5月29日）。

上記のミサイルディフェンス計画から考えると、ミサイルがアメリカをターゲットにしている場合、両国の同盟関係やシステムの共同開発という経緯から、協力して阻止すべきであるという主張は理解できます。また、核弾頭などの大量破壊兵器が搭載されていることが確実で、それを阻止しなければ世界規模の甚大な被害が生じることが予測された場合に、集団的自衛権を行使し得ないことを理由として、何ら有効な手段をとらないことが国際社会の一員として許されるのでしょうか。このように2004（平成16）年以降、実戦配備が進められているミサイルディフェンス計画には、重大な問題点が含まれていたのです。

3）安全保障関連法案の成立と集団的自衛権の行使

　2015 年、安全保障関連法案がまず閣議決定され、その後国会を通過して成立しています。

　安全保障関連法案は、新設された「国際平和支援法案」と、自衛隊法改正案、国際平和協力法改正案、武力攻撃事態対処法改正案など10の法律の改正案を一つにまとめた「平和安全法制整備法案」から構成されています。

　集団的自衛権の行使を規定したのは、武力攻撃事態対処法の改正法で、行使の要件は、「我が国と密接な関係にある他国に対する武力攻撃が発生し、これにより我が国の存立が脅かされ、国民の生命、自由、幸福追求の権利が根底から覆される明白な危険がある」という「存立危機事態」が発生した場合です。

　重要なのは、存立危機事態といういまだ曖昧な概念を、どのように判断していくかという問題です。例えば、友好国をターゲットとして発射されたミサイルを、わが国から発射されたミサイルで迎撃すれば、発射した国はわが国の迎撃システムを攻撃対象とすることは明らかです。結果的にわが国は、友好国の戦争に巻き込まれるおそれが生じてしまうのです。集団的自衛権の行使とは、自国を犠牲にしても友好国を防衛することにほかならず、その発動要件である存立危機事態の判断については、まさに国家存亡の危機をかけた判断が必要となるのです。

　集団的自衛権の行使という重大な問題について、9条をもつわが国が憲法改正を経ずに個別の法律を制定することでそれを認めた、今回の手法については疑問が残るといわざるを得ません。

4）安全保障関連法案の成立と自衛隊の権限拡大

　政府は長い間、自衛隊の任務は「専守防衛」原則に基づき、海外派遣は認められないという立場を固持していました。また、国連憲章43条に基づく正規の国連軍であっても、紛争の鎮圧等を目的とした武力行使を前提にしているため、自衛隊は参加することができないとしていました。

　これまで政府は、武力行使を伴わない停戦監視団への派遣についても、自衛隊の派遣に代えて、経済的支援や文民による選挙監視団などへの要員を派

196

遣するなど、独自の国際貢献を行ってきました。

　しかし、1990年代はじめの湾岸戦争以降、このようなわが国の協力姿勢が「一国平和主義」と批判されたことから、経済的支援や文民派遣ではなく、自衛隊の派遣を前提とした人的貢献の必要性が強調されるようになったのです。そして1992（平成4）年、「武力の行使」を伴わないことを条件として、自衛隊に国連の平和維持活動への参加を認める「国際平和協力法」が制定され、自衛隊は海外に派遣されることとなりました。以降25年の月日が経過し、その間様々な地域と目的で自衛隊が派遣されています。

　2015年に成立した安全保障関連法案により改正された、国際平和協力法において、武装勢力に襲われた国連職員やNGO職員、他国軍の兵士らを助けに向かう「駆けつけ警護」が可能となり、警護対象を守る際には武器を使うことも認められました。また、改正自衛隊法では在外邦人等に対する警護、救出について、その現地がすでに戦闘行為が行われることがないという条件付きですがそれを認め、その際の武器の使用も認めるなど、自衛隊の活動は大幅に拡大しているのです。

4　憲法9条のゆくえ

　集団的自衛権の行使や自衛隊の活動については、憲法解釈のみならず国民の生活、わが国の将来を左右する重大な問題です。

　9条が法的規範ではなく政治的規範であるのなら、集団的自衛権の行使や、自衛隊に広範な海外活動の権限を認めることが必要となったのであれば、政治的な判断に基づいて、憲法で定められた適正な改正手続きに従って、それらを許容する憲法改正を行う必要があるのではないでしょうか。

　もはや9条を「解釈」によりその理念をゆがめることは限界です。憲法改定には国民の意見を反映させるため、国民投票による過半数の賛成が必要とされていますし、国民投票法も整備され、憲法の改正が現実味を帯びてきています。

　国民投票には最低投票率制度が導入されていないので、票を投じた国民の意思のみが反映されるシステムです。私たちも常日頃から問題意識を持ち、

もうひとつの９条

　わが国には「もうひとつの９条」が存在していることは知られていません。もうひとつの９条とは、独占禁止法９条に規定された「持株会社」の設立・転化を禁止する規定です（独占禁止法については後述）。独占禁止法は、GHQによる「経済の民主化」という占領政策の一環として、アメリカの反トラスト法を手本として、1947（昭和22）年４月14日に公布されています。

　戦前の日本経済は、自由主義経済体制を標榜していましたが、実際には財閥組織により支配された封建的な経済体制でした。GHQは、このような経済体制がわが国を無謀な大戦へと導いた一因と考え、日本経済を健全な資本主義経済へと転換させる目的から、財閥解体に着手します。そして財閥が復活することを阻止する恒久的な手段として、独占禁止法９条において持株会社の設立と転化を禁じたのです。

　持株会社禁止規定があるのはわが国だけで、主権回復後、経済界は持株会社解禁を主張し、幾度か解禁議論が高まった時期もあるのですが、1997（平成9）年バブル経済崩壊後の規制緩和により改正されるまで、50年に渡って守り続けられた規定です。

　欧米では十進法でゼロに戻る最後の数字である「9」をメモリアルナンバーとして特別に扱っています。憲法９条は日本国民全体に対する戦争責任を科し、独占禁止法９条は経済界に対して戦争責任を科す規定として、あえて９条にしたと考えられています。

その本質を見極める努力を続けなければならないのです。

■発展課題

1　わが国以外の平和憲法を規定する国家についての特徴と、どのような背景から制定されているのか調査しましょう。
2　憲法改正について、各政党がどのような改正を提案しているのか調査しましょう。
3　憲法９条を改正することのメリットとデメリットについて調査しましょう。

■参考文献

芦部信喜、高橋和之補訂『憲法　第7版』岩波書店、2019年

高柳賢三「天皇、憲法、9条」ジュリスト25号、1963年、147頁

伊藤正己『憲法　第3版』弘文堂、1995年

伊藤正己『憲法入門　第4版補訂版』有斐閣、2006年

内閣府「平和安全法制について」

　（http://www.cas.go.jp/jp/gaiyou/jimu/housei_seibi.html）

ダグラス・マッカーサー著、津島一夫訳『マッカーサー大戦回顧録』中公文庫、
　2014年

袖井林二郎『マッカーサーの二千日』中公文庫、2015年

日本国憲法

(1946 年 11 月 3 日公布、1947 年 5 月 3 日施行)

日本国民は、正当に選挙された国会における代表者を通じて行動し、われらとわれらの子孫のために、諸国民との協和による成果と、わが国全土にわたつて自由のもたらす恵沢を確保し、政府の行為によつて再び戦争の惨禍が起ることのないやうにすることを決意し、ここに主権が国民に存することを宣言し、この憲法を確定する。そもそも国政は、国民の厳粛な信託によるものであつて、その権威は国民に由来し、その権力は国民の代表者がこれを行使し、その福利は国民がこれを享受する。これは人類普遍の原理であり、この憲法は、かかる原理に基くものである。われらは、これに反する一切の憲法、法令及び詔勅を排除する。

日本国民は、恒久の平和を念願し、人間相互の関係を支配する崇高な理想を深く自覚するのであつて、平和を愛する諸国民の公正と信義に信頼して、われらの安全と生存を保持しようと決意した。われらは、平和を維持し、専制と隷従、圧迫と偏狭を地上から永遠に除去しようと努めてゐる国際社会において、名誉ある地位を占めたいと思ふ。われらは、全世界の国民が、ひとしく恐怖と欠乏から免かれ、平和のうちに生存する権利を有することを確認する。

われらは、いづれの国家も、自国のことのみに専念して他国を無視してはならないのであつて、政治道徳の法則は、普遍的なものであり、この法則に従ふことは、自国の主権を維持し、他国と対等関係に立たうとする各国の責務であると信ずる。

日本国民は、国家の名誉にかけ、全力をあげてこの崇高な理想と目的を達成することを誓ふ。

第 1 章　天　皇

第 1 条　天皇は、日本国の象徴であり日本国民統合の象徴であつて、この地位は、主権の存する日本国民の総意に基く。

第 2 条　皇位は、世襲のものであつて、国会の議決した皇室典範の定めるところにより、これを継承する。

第 3 条　天皇の国事に関するすべての行為には、内閣の助言と承認を必要とし、内閣が、その責任を負ふ。

第 4 条　天皇は、この憲法の定める国事に関する行為のみを行ひ、国政に関する権能を有しない。

② 天皇は、法律の定めるところにより、その国事に関する行為を委任することができる。

第 5 条　皇室典範の定めるところにより摂政を置くときは、摂政は、天皇の名でその国事に関する行為を行ふ。この場合には、前条第 1 項の規定を準用する。

第 6 条　天皇は、国会の指名に基いて、内閣総理大臣を任命する。

② 天皇は、内閣の指名に基いて、最高裁判所の長たる裁判官を任命する。

第 7 条　天皇は、内閣の助言と承認により、国民のために、左の国事に関する行為を行ふ。

一　憲法改正、法律、政令及び条約を公布すること。

二　国会を召集すること。

三　衆議院を解散すること。

四　国会議員の総選挙の施行を公示すること。

五　国務大臣及び法律の定めるその他の官吏の任免並びに全権委任状及び大使及び公使の信任状を認証すること。

六　大赦、特赦、減刑、刑の執行の免除及び復権を認証すること。

七　栄典を授与すること。
八　批准書及び法律の定めるその他の外
　　交文書を認証すること。
九　外国の大使及び公使を接受すること。
十　儀式を行ふこと。
第8条　皇室に財産を譲り渡し、又は皇室
　が、財産を譲り受け、若しくは賜与する
　ことは、国会の議決に基かなければなら
　ない。

第2章　戦争の放棄

第9条　日本国民は、正義と秩序を基調と
　する国際平和を誠実に希求し、国権の発
　動たる戦争と、武力による威嚇又は武力
　の行使は、国際紛争を解決する手段とし
　ては、永久にこれを放棄する。
②　前項の目的を達するため、陸海空軍そ
　の他の戦力は、これを保持しない。国の
　交戦権は、これを認めない。

第3章　国民の権利及び義務

第10条　日本国民たる要件は、法律でこ
　れを定める。
第11条　国民は、すべての基本的人権の
　享有を妨げられない。この憲法が国民に
　保障する基本的人権は、侵すことのでき
　ない永久の権利として、現在及び将来の
　国民に与へられる。
第12条　この憲法が国民に保障する自由
　及び権利は、国民の不断の努力によつて、
　これを保持しなければならない。又、国
　民は、これを濫用してはならないのであ
　つて、常に公共の福祉のためにこれを利
　用する責任を負ふ。
第13条　すべて国民は、個人として尊重
　される。生命、自由及び幸福追求に対す
　る国民の権利については、公共の福祉に
　反しない限り、立法その他の国政の上で、
　最大の尊重を必要とする。
第14条　すべて国民は、法の下に平等で

あつて、人種、信条、性別、社会的身分
又は門地により、政治的、経済的又は社
会的関係において、差別されない。
②　華族その他の貴族の制度は、これを認
　めない。
③　栄誉、勲章その他の栄典の授与は、い
　かなる特権も伴はない。栄典の授与は、
　現にこれを有し、又は将来これを受ける
　者の一代に限り、その効力を有する。
第15条　公務員を選定し、及びこれを罷
　免することは、国民固有の権利である。
②　すべて公務員は、全体の奉仕者であつ
　て、一部の奉仕者ではない。
③　公務員の選挙については、成年者によ
　る普通選挙を保障する。
④　すべて選挙における投票の秘密は、こ
　れを侵してはならない。選挙人は、その
　選択に関し公的にも私的にも責任を問は
　れない。
第16条　何人も、損害の救済、公務員の
　罷免、法律、命令又は規則の制定、廃止
　又は改正その他の事項に関し、平穏に請
　願する権利を有し、何人も、かかる請願
　をしたためにいかなる差別待遇も受けな
　い。
第17条　何人も、公務員の不法行為によ
　り、損害を受けたときは、法律の定める
　ところにより、国又は公共団体に、その
　賠償を求めることができる。
第18条　何人も、いかなる奴隷的拘束も
　受けない。又、犯罪に因る処罰の場合を
　除いては、その意に反する苦役に服させ
　られない。
第19条　思想及び良心の自由は、これを
　侵してはならない。
第20条　信教の自由は、何人に対しても
　これを保障する。いかなる宗教団体も、
　国から特権を受け、又は政治上の権力を
　行使してはならない。
②　何人も、宗教上の行為、祝典、儀式又
　は行事に参加することを強制されない。
③　国及びその機関は、宗教教育その他い

かなる宗教的活動もしてはならない。

第21条　集会、結社及び言論、出版その他一切の表現の自由は、これを保障する。

②　検閲は、これをしてはならない。通信の秘密は、これを侵してはならない。

第22条　何人も、公共の福祉に反しない限り、居住、移転及び職業選択の自由を有する。

②　何人も、外国に移住し、又は国籍を離脱する自由を侵されない。

第23条　学問の自由は、これを保障する。

第24条　婚姻は、両性の合意のみに基いて成立し、夫婦が同等の権利を有することを基本として、相互の協力により、維持されなければならない。

②　配偶者の選択、財産権、相続、住居の選定、離婚並びに婚姻及び家族に関するその他の事項に関しては、法律は、個人の尊厳と両性の本質的平等に立脚して、制定されなければならない。

第25条　すべて国民は、健康で文化的な最低限度の生活を営む権利を有する。

②　国は、すべての生活部面について、社会福祉、社会保障及び公衆衛生の向上及び増進に努めなければならない。

第26条　すべて国民は、法律の定めるところにより、その能力に応じて、ひとしく教育を受ける権利を有する。

②　すべて国民は、法律の定めるところにより、その保護する子女に普通教育を受けさせる義務を負ふ。義務教育は、これを無償とする。

第27条　すべて国民は、勤労の権利を有し、義務を負ふ。

②　賃金、就業時間、休息その他の勤労条件に関する基準は、法律でこれを定める。

③　児童は、これを酷使してはならない。

第28条　勤労者の団結する権利及び団体交渉その他の団体行動をする権利は、これを保障する。

第29条　財産権は、これを侵してはならない。

②　財産権の内容は、公共の福祉に適合するやうに、法律でこれを定める。

③　私有財産は、正当な補償の下に、これを公共のために用ひることができる。

第30条　国民は、法律の定めるところにより、納税の義務を負ふ。

第31条　何人も、法律の定める手続によらなければ、その生命若しくは自由を奪はれ、又はその他の刑罰を科せられない。

第32条　何人も、裁判所において裁判を受ける権利を奪はれない。

第33条　何人も、現行犯として逮捕される場合を除いては、権限を有する司法官憲が発し、且つ理由となつてゐる犯罪を明示する令状によらなければ、逮捕されない。

第34条　何人も、理由を直ちに告げられ、且つ、直ちに弁護人に依頼する権利を与へられなければ、抑留又は拘禁されない。又、何人も、正当な理由がなければ、拘禁されず、要求があれば、その理由は、直ちに本人及びその弁護人の出席する公開の法廷で示されなければならない。

第35条　何人も、その住居、書類及び所持品について、侵入、捜索及び押収を受けることのない権利は、第33条の場合を除いては、正当な理由に基いて発せられ、且つ捜索する場所及び押収する物を明示する令状がなければ、侵されない。

②　捜索又は押収は、権限を有する司法官憲が発する各別の令状により、これを行ふ。

第36条　公務員による拷問及び残虐な刑罰は、絶対にこれを禁ずる。

第37条　すべて刑事事件においては、被告人は、公平な裁判所の迅速な公開裁判を受ける権利を有する。

②　刑事被告人は、すべての証人に対して審問する機会を充分に与へられ、又、公費で自己のために強制的手続により証人を求める権利を有する。

③　刑事被告人は、いかなる場合にも、資

格を有する弁護人を依頼することができる。被告人が自らこれを依頼することができないときは、国でこれを附する。

第38条　何人も、自己に不利益な供述を強要されない。

② 強制、拷問若しくは脅迫による自白又は不当に長く抑留若しくは拘禁された後の自白は、これを証拠とすることができない。

③ 何人も、自己に不利益な唯一の証拠が本人の自白である場合には、有罪とされ、又は刑罰を科せられない。

第39条　何人も、実行の時に適法であつた行為又は既に無罪とされた行為については、刑事上の責任を問はれない。又、同一の犯罪について、重ねて刑事上の責任を問はれない。

第40条　何人も、抑留又は拘禁された後、無罪の裁判を受けたときは、法律の定めるところにより、国にその補償を求めることができる。

第4章　国　会

第41条　国会は、国権の最高機関であつて、国の唯一の立法機関である。

第42条　国会は、衆議院及び参議院の両議院でこれを構成する。

第43条　両議院は、全国民を代表する選挙された議員でこれを組織する。

② 両議院の議員の定数は、法律でこれを定める。

第44条　両議院の議員及びその選挙人の資格は、法律でこれを定める。但し、人種、信条、性別、社会的身分、門地、教育、財産又は収入によつて差別してはならない。

第45条　衆議院議員の任期は、4年とする。但し、衆議院解散の場合には、その期間満了前に終了する。

第46条　参議院議員の任期は、6年とし、3年ごとに議員の半数を改選する。

第47条　選挙区、投票の方法その他両議院の議員の選挙に関する事項は、法律でこれを定める。

第48条　何人も、同時に両議院の議員たることはできない。

第49条　両議院の議員は、法律の定めるところにより、国庫から相当額の歳費を受ける。

第50条　両議院の議員は、法律の定める場合を除いては、国会の会期中逮捕されず、会期前に逮捕された議員は、その議院の要求があれば、会期中これを釈放しなければならない。

第51条　両議院の議員は、議院で行つた演説、討論又は表決について、院外で責任を問はれない。

第52条　国会の常会は、毎年1回これを召集する。

第53条　内閣は、国会の臨時会の召集を決定することができる。いづれかの議院の総議員の4分の1以上の要求があれば、内閣は、その召集を決定しなければならない。

第54条　衆議院が解散されたときは、解散の日から40日以内に、衆議院議員の総選挙を行ひ、その選挙の日から30日以内に、国会を召集しなければならない。

② 衆議院が解散されたときは、参議院は、同時に閉会となる。但し、内閣は、国に緊急の必要があるときは、参議院の緊急集会を求めることができる。

③ 前項但書の緊急集会において採られた措置は、臨時のものであつて、次の国会開会の後10日以内に、衆議院の同意がない場合には、その効力を失ふ。

第55条　両議院は、各々その議員の資格に関する争訟を裁判する。但し、議員の議席を失はせるには、出席議員の3分の2以上の多数による議決を必要とする。

第56条　両議院は、各々その総議員の3分の1以上の出席がなければ、議事を開き議決することができない。

② 両議院の議事は、この憲法に特別の定のある場合を除いては、出席議員の過半数でこれを決し、可否同数のときは、議長の決するところによる。

第57条 両議院の会議は、公開とする。但し、出席議員の3分の2以上の多数で議決したときは、秘密会を開くことができる。

② 両議院は、各々その会議の記録を保存し、秘密会の記録の中で特に秘密を要すると認められるもの以外は、これを公表し、且つ一般に頒布しなければならない。

③ 出席議員の5分の1以上の要求があれば、各議員の表決は、これを会議録に記載しなければならない。

第58条 両議院は、各々その議長その他の役員を選任する。

② 両議院は、各々その会議その他の手続及び内部の規律に関する規則を定め、又、院内の秩序をみだした議員を懲罰することができる。但し、議員を除名するには、出席議員の3分の2以上の多数による議決を必要とする。

第59条 法律案は、この憲法に特別の定のある場合を除いては、両議院で可決したとき法律となる。

② 衆議院で可決し、参議院でこれと異なつた議決をした法律案は、衆議院で出席議員の3分の2以上の多数で再び可決したときは、法律となる。

③ 前項の規定は、法律の定めるところにより、衆議院が、両議院の協議会を開くことを求めることを妨げない。

④ 参議院が、衆議院の可決した法律案を受け取つた後、国会休会中の期間を除いて60日以内に、議決しないときは、衆議院は、参議院がその法律案を否決したものとみなすことができる。

第60条 予算は、さきに衆議院に提出しなければならない。

② 予算について、参議院で衆議院と異なつた議決をした場合に、法律の定めると

ころにより、両議院の協議会を開いても意見が一致しないとき、又は参議院が、衆議院の可決した予算を受け取つた後、国会休会中の期間を除いて30日以内に、議決しないときは、衆議院の議決を国会の議決とする。

第61条 条約の締結に必要な国会の承認については、前条第2項の規定を準用する。

第62条 両議院は、各々国政に関する調査を行ひ、これに関して、証人の出頭及び証言並びに記録の提出を要求することができる。

第63条 内閣総理大臣その他の国務大臣は、両議院の一に議席を有すると有しないとにかかはらず、何時でも議案について発言するため議院に出席することができる。又、答弁又は説明のため出席を求められたときは、出席しなければならない。

第64条 国会は、罷免の訴追を受けた裁判官を裁判するため、両議院の議員で組織する弾劾裁判所を設ける。

② 弾劾に関する事項は、法律でこれを定める。

第5章　内　閣

第65条 行政権は、内閣に属する。

第66条 内閣は、法律の定めるところにより、その首長たる内閣総理大臣及びその他の国務大臣でこれを組織する。

② 内閣総理大臣その他の国務大臣は、文民でなければならない。

③ 内閣は、行政権の行使について、国会に対し連帯して責任を負ふ。

第67条 内閣総理大臣は、国会議員の中から国会の議決で、これを指名する。この指名は、他のすべての案件に先だつて、これを行ふ。

② 衆議院と参議院とが異なつた指名の議決をした場合に、法律の定めるところに

より、両議院の協議会を開いても意見が一致しないとき、又は衆議院が指名の議決をした後、国会休会中の期間を除いて10日以内に、参議院が、指名の議決をしないときは、衆議院の議決を国会の議決とする。

第68条　内閣総理大臣は、国務大臣を任命する。但し、その過半数は、国会議員の中から選ばれなければならない。

② 内閣総理大臣は、任意に国務大臣を罷免することができる。

第69条　内閣は、衆議院で不信任の決議案を可決し、又は信任の決議案を否決したときは、10日以内に衆議院が解散されない限り、総辞職をしなければならない。

第70条　内閣総理大臣が欠けたとき、又は衆議院議員総選挙の後に初めて国会の召集があつたときは、内閣は、総辞職をしなければならない。

第71条　前2条の場合には、内閣は、あらたに内閣総理大臣が任命されるまで引き続きその職務を行ふ。

第72条　内閣総理大臣は、内閣を代表して議案を国会に提出し、一般国務及び外交関係について国会に報告し、並びに行政各部を指揮監督する。

第73条　内閣は、他の一般行政事務の外、左の事務を行ふ。

一　法律を誠実に執行し、国務を総理すること。

二　外交関係を処理すること。

三　条約を締結すること。但し、事前に、時宜によつては事後に、国会の承認を経ることを必要とする。

四　法律の定める基準に従ひ、官吏に関する事務を掌理すること。

五　予算を作成して国会に提出すること。

六　この憲法及び法律の規定を実施するために、政令を制定すること。但し、政令には、特にその法律の委任がある場合を除いては、罰則を設けることが

できない。

七　大赦、特赦、減刑、刑の執行の免除及び復権を決定すること。

第74条　法律及び政令には、すべて主任の国務大臣が署名し、内閣総理大臣が連署することを必要とする。

第75条　国務大臣は、その在任中、内閣総理大臣の同意がなければ、訴追されない。但し、これがため、訴追の権利は、害されない。

第6章　司　法

第76条　すべて司法権は、最高裁判所及び法律の定めるところにより設置する下級裁判所に属する。

② 特別裁判所は、これを設置することができない。行政機関は、終審として裁判を行ふことができない。

③ すべて裁判官は、その良心に従ひ独立してその職権を行ひ、この憲法及び法律にのみ拘束される。

第77条　最高裁判所は、訴訟に関する手続、弁護士、裁判所の内部規律及び司法事務処理に関する事項について、規則を定める権限を有する。

② 検察官は、最高裁判所の定める規則に従はなければならない。

③ 最高裁判所は、下級裁判所に関する規則を定める権限を、下級裁判所に委任することができる。

第78条　裁判官は、裁判により、心身の故障のために職務を執ることができないと決定された場合を除いては、公の弾劾によらなければ罷免されない。裁判官の懲戒処分は、行政機関がこれを行ふことはできない。

第79条　最高裁判所は、その長たる裁判官及び法律の定める員数のその他の裁判官でこれを構成し、その長たる裁判官以外の裁判官は、内閣でこれを任命する。

② 最高裁判所の裁判官の任命は、その任

命後初めて行はれる衆議院議員総選挙の際国民の審査に付し、その後十年を経過した後初めて行はれる衆議院議員総選挙の際更に審査に付し、その後も同様とする。

③　前項の場合において、投票者の多数が裁判官の罷免を可とするときは、その裁判官は、罷免される。

④　審査に関する事項は、法律でこれを定める。

⑤　最高裁判所の裁判官は、法律の定める年齢に達した時に退官する。

⑥　最高裁判所の裁判官は、すべて定期に相当額の報酬を受ける。この報酬は、在任中、これを減額することができない。

第80条　下級裁判所の裁判官は、最高裁判所の指名した者の名簿によつて、内閣でこれを任命する。その裁判官は、任期を10年とし、再任されることができる。但し、法律の定める年齢に達した時には退官する。

②　下級裁判所の裁判官は、すべて定期に相当額の報酬を受ける。この報酬は、在任中、これを減額することができない。

第81条　最高裁判所は、一切の法律、命令、規則又は処分が憲法に適合するかしないかを決定する権限を有する終審裁判所である。

第82条　裁判の対審及び判決は、公開法廷でこれを行ふ。

②　裁判所が、裁判官の全員一致で、公の秩序又は善良の風俗を害する虞があると決した場合には、対審は、公開しないでこれを行ふことができる。但し、政治犯罪、出版に関する犯罪又はこの憲法第3章で保障する国民の権利が問題となつてゐる事件の対審は、常にこれを公開しなければならない。

第7章　財　政

第83条　国の財政を処理する権限は、国会の議決に基いて、これを行使しなければならない。

第84条　あらたに租税を課し、又は現行の租税を変更するには、法律又は法律の定める条件によることを必要とする。

第85条　国費を支出し、又は国が債務を負担するには、国会の議決に基くことを必要とする。

第86条　内閣は、毎会計年度の予算を作成し、国会に提出して、その審議を受け議決を経なければならない。

第87条　予見し難い予算の不足に充てるため、国会の議決に基いて予備費を設け、内閣の責任でこれを支出することができる。

②　すべて予備費の支出については、内閣は、事後に国会の承諾を得なければならない。

第88条　すべて皇室財産は、国に属する。すべて皇室の費用は、予算に計上して国会の議決を経なければならない。

第89条　公金その他の公の財産は、宗教上の組織若しくは団体の使用、便益若しくは維持のため、又は公の支配に属しない慈善、教育若しくは博愛の事業に対し、これを支出し、又はその利用に供してはならない。

第90条　国の収入支出の決算は、すべて毎年会計検査院がこれを検査し、内閣は、次の年度に、その検査報告とともに、これを国会に提出しなければならない。

②　会計検査院の組織及び権限は、法律でこれを定める。

第91条　内閣は、国会及び国民に対し、定期に、少くとも毎年1回、国の財政状況について報告しなければならない。

第8章　地方自治

第92条　地方公共団体の組織及び運営に関する事項は、地方自治の本旨に基いて、法律でこれを定める。

第93条　地方公共団体には、法律の定めるところにより、その議事機関として議会を設置する。

② 地方公共団体の長、その議会の議員及び法律の定めるその他の吏員は、その地方公共団体の住民が、直接これを選挙する。

第94条　地方公共団体は、その財産を管理し、事務を処理し、及び行政を執行する権能を有し、法律の範囲内で条例を制定することができる。

第95条　一の地方公共団体のみに適用される特別法は、法律の定めるところにより、その地方公共団体の住民の投票においてその過半数の同意を得なければ、国会は、これを制定することができない。

第9章　改　正

第96条　この憲法の改正は、各議院の総議員の3分の2以上の賛成で、国会が、これを発議し、国民に提案してその承認を経なければならない。この承認には、特別の国民投票又は国会の定める選挙の際行はれる投票において、その過半数の賛成を必要とする。

② 憲法改正について前項の承認を経たときは、天皇は、国民の名で、この憲法と一体を成すものとして、直ちにこれを公布する。

第10章　最高法規

第97条　この憲法が日本国民に保障する基本的人権は、人類の多年にわたる自由獲得の努力の成果であつて、これらの権利は、過去幾多の試錬に堪へ、現在及び将来の国民に対し、侵すことのできない永久の権利として信託されたものである。

第98条　この憲法は、国の最高法規であつて、その条規に反する法律、命令、詔勅及び国務に関するその他の行為の全部又は一部は、その効力を有しない。

② 日本国が締結した条約及び確立された国際法規は、これを誠実に遵守することを必要とする。

第99条　天皇又は摂政及び国務大臣、国会議員、裁判官その他の公務員は、この憲法を尊重し擁護する義務を負ふ。

第11章　補　則

第100条　この憲法は、公布の日から起算して6箇月を経過した日から、これを施行する。

② この憲法を施行するために必要な法律の制定、参議院議員の選挙及び国会召集の手続並びにこの憲法を施行するために必要な準備手続は、前項の期日よりも前に、これを行ふことができる。

第101条　この憲法施行の際、参議院がまだ成立してゐないときは、その成立するまでの間、衆議院は、国会としての権限を行ふ。

第102条　この憲法による第1期の参議院議員のうち、その半数の者の任期は、これを3年とする。その議員は、法律の定めるところにより、これを定める。

第103条　この憲法施行の際現に在職する国務大臣、衆議院議員及び裁判官並びにその他の公務員で、その地位に相応する地位がこの憲法で認められてゐる者は、法律で特別の定をした場合を除いては、この憲法施行のため、当然にはその地位を失ふことはない。但し、この憲法によつて、後任者が選挙又は任命されたときは、当然その地位を失ふ。

索　引

執筆者紹介 (執筆順)

金津　謙（かなつ　けん）　　　　　　執筆担当：1章1／6章／8章／10章
植草学園大学・植草学園短期大学非常勤講師／実践女子大学人間社会学部専任講師
法学修士　　専攻：経済法／憲法
共著：宮脇敏哉編著『経営学新講義』晃陽書房（2011年）
　　　宮脇敏哉編著『産業心理と経営学』北大路出版（2012年）

足立文美恵（あだち　ふみえ）　　　　　執筆担当：1章2、3／3章／4章
宮崎大学地域資源創成学部准教授
法学修士　　専攻：民法（家族法）
論文：「特別縁故者への分与額の決定基準」笠原俊宏編『日本法の論点　第2巻』文眞
　　　堂（2012年）
　　　「婚氏不使用の合意の効力」笠原俊宏編『日本法の論点　第3巻』文眞堂（2013
　　　年）

佐々木　彩（ささき　さい）　　　　　　執筆担当：1章4／5章／9章
苫小牧工業高等専門学校准教授
法学修士　　専攻：国際私法
論文：「婚姻の実質的成立要件の準拠法の適用」笠原俊宏編『日本法の論点　第3巻』
　　　文眞堂（2013年）
　　　「東南アジア家族法における法秩序―インドネシアを素材として―」現代社会研
　　　究第17号（2020年）

今出　和利（いまで　かずとし）　　　　　執筆担当：2章
兵庫教育大学大学院学校教育研究科特任教授
博士（法学）　　専攻：憲法／未成年者保護法
論文：「アメリカ少年司法と合衆国憲法修正第八条に関する判例の動向について―絶対
　　　的終身刑をめぐる連邦最高裁『ミラー判決』（2012）を中心に―」東洋法学第57
　　　巻第3号（2014年）
　　　「アメリカにおける子どもの『ネットいじめ』（Cyberbullying）対策と憲法上の
　　　問題点―法と判例の動向―」現代社会研究第16号（2019年）

齋藤　美喜（さいとう　みき）　　　　　　執筆担当：7章
博慈会高等看護学院専任教員（看護師／厚生労働省認定専任教員養成講習会修了）
法学修士　　専攻：民法／医事法
共著：「災害救助法と関連法規」小原真理子監修『いのちとこころを救う災害看護』学
　　　習研究社（2008年）
　　　「災害看護に関連づけた法律の見方」勝見敦・小原真理子編集『災害救護』ヌー
　　　ヴェルヒロカワ（2012年）

法律学への案内（第2版）

2018 年 4 月 13 日　第 1 版 1 刷発行
2021 年 2 月 19 日　第 2 版 1 刷発行

著　者—金津　謙・足立文美恵・佐々木　彩
　　　　今出和利・齋藤美喜
発行者—森　口　恵美子
印刷所—壯光舍印刷㈱
製本所—㈱グリーン
発行所—八千代出版株式会社
　　　　〒101　東京都千代田区神田三崎町 2-2-13
　　　　-0061
　　　　TEL　03-3262-0420
　　　　FAX　03-3237-0723
　　　　振替　00190-4-168060

＊定価はカバーに表示してあります。
＊落丁・乱丁本はお取替えいたします。

ISBN978-4-8429-1795-5　　　　©2021　K. Kanatsu et al.